닛케이가 전망한
기술 트렌드 **100**

세계를 바꿀
테크놀로지
2024

NIKKEI TECHNOLOGY TENBO 2024
SEKAI WO KAERU 100 NO GIJUTSU
written by Nikkei Business Publications, Inc.

Copyright © 2023 by Nikkei Business Publications, Inc.
All rights reserved.
Originally published in Japan by Nikkei Business Publications, Inc.
Korean translation rights arranged with Nikkei Business Publications, Inc. through Tony International.

이 책은 토니 인터내셔널을 통한 권리자와의 독점계약으로
한국어판의 번역권은 시크릿하우스에 있습니다.
저작권법에 의해 한국 내에서 보호를 받는 저작물이므로 무단전재와 무단복제를 금합니다.

닷케이가 전망한
기술 트렌드 **100**

세계를 바꿀
테크놀로지
2024

시크릿하우스

세상을 바꾸는 것은
AI만이 아니다

지금 주목받고 있는 기술이라고 하면 뭐니뭐니 해도 생성AI일 것이다. 미국 오픈AI가 2022년 11월 공개한 대화형 생성AI '챗GPT(ChatGPT)'는 불과 두 달 만에 이용자 수가 1억 명을 넘어섰다.

웹, SNS, TV, 신문, 잡지, 서적, 세미나, 학회지 등 모든 미디어가 생성AI에 대해 찬반양론을 이야기하고 계속 보도하고 있다. 특정 기술이 이렇게 떠들썩했던 사례는 기억에 없다.

생성AI가 왜 이렇게까지 화제가 되는가 하면, 순식간에 글이나 프로그램, 이미지를 알아서 읽어준다는 명쾌함과 그 위력을 스마트폰이나 PC를 통해 누구나 쉽게 체험할 수 있기 때문일 것이다. 출입이 철저히 통제된 연구소나 실험시설 혹은 공장에 가야만 볼 수 있는 기술이 아니기 때문이다.

생성AI의 임팩트는 광범위하다. 워크 스타일, 라이프 스타일, 심지어 인류의 미래까지 영향을 미칠 것이다. 게다가 테크놀로지가 일으키는 세상의 변화를 실시간으로 직접 체험할 수 있게 될 것이다.

매년 발행하는 이 시리즈는 전기·자동차·로봇, IT·뉴미디어, 건축·토목, 의료·건강·바이오테크 등 전문 분야를 추적하는 닛케이BP의 웹사이트와 잡지의 편집장, 종합연구소의 랩 소장 등이 선정한 〈2030년 세계를 바꾸는 기술〉 100개를 게재하고 있다. 이번 100개 기술 중 14개가 AI 관련 기술이다. 그 외에도 AI가 관련된 기술들이 있다.

한편, 아직은 먼 미래의 이야기지만 에너지 분야에서 영향력 있는 기술을 꼽으라면 '핵융합'을 꼽을 수 있다. 실현되면 세계의 정치, 산업, 생활, 모든 것의 균형이 크게 바뀔 것이다.

또한 소개한 100개 기술에 대해 비즈니스 리더 800명을 대상으로 설문조사를 실시하여 그 결과를 '테크놀로지 기대도 순위'로 게재했다. '2030년에 중요성이 높은' 테크놀로지 순위에서 핵융합은 4위를 차지했다.

핵융합 외에도 탄소 중립을 지향하는 에너지 관련 기술들이 상위권에 랭크되어 있다. 세상을 바꾸는 기술은 AI뿐만이 아니다.

생성AI든 핵융합이든 기술이 어디로 갈지 모른다는 불안감을 느끼는 분들이 있을 수 있다. 너무 불안해 하지 마시고 다양한 기술에 관심을 갖고 지켜보셨으면 좋겠다. 기술 전문가뿐만 아니라 많은 사회인들이 기술에 대해 알고, 시민으로서 의견을 내는 것이 중요하다.

자신의 전문 분야 이외의 기술을 전망하고 싶은 전문가부터 향후 유망한 산업과 사업 분야를 알고 싶은 취업준비생까지, 많은 분들에게 도움이 될 수 있는 기술 도감으로서 이 책을 정리했다. 다양한 독자분들이 모쪼록 '이런 기술도 있구나'라는 즐거움을 느낄 수 있다면 좋겠다.

닛케이BP 상무이사 기술 미디어 총괄
모치즈키 요스케

차 례

| 1장 | **테크놀로지 기대도 순위**

| 2장 | **AI**

3장 건축·토목

4장 전기·에너지

Technology 2024

1장

테크놀로지 기대도 순위

2030년 기대도 1위
'완전 자율주행'

〈2030년 테크놀로지 기대도 순위〉 1위는 운전자가 타지 않고 시스템이 모든 운전을 책임지는 '완전 자율주행'이 차지했다.

본서에 소개하는 100개의 기술에 대해 비즈니스 리더에게 비즈니스 확대와 신규 비즈니스 창출의 관점에서 '2030년에 중요성이 높은' 기술과 '지금(2023년) 중요성이 높은' 기술을 각각 선택하게 하고, 그 기술을 선택한 응답자 수의 비율을 테크놀로지 기대도로 하여 순위를 매겼다(유효 응답 수 767명). 이것은 니즈(기술을 이용하는 측의 수요나 기대)에 대한 조사라고 할 수 있다.

2030년 기대도 2위는 '산업 메타버스'다. 예를 들면 자동차 산업, 전기 산업 등 분야별로 메타버스를 마련하고, 숙련된 기술자가 메타버스를 통해 원격지 업무를 수행하는 등 숙련된 작업자 부족 등에 대비하는 것이다.

3위는 '간호 로봇'이다. 간호 로봇은 감지·판단·동작이 가능한 돌봄용 기기 전반을 포괄하는 말로, 인간형 로봇의 형태를 취하지 않는 것도 포함된다. 간호 로봇은 1년 전인 2022년 실시한 비슷한 조사에서 2030년 기대도, 2022년 기대도 모두 1위를 차지했었다.

이들 3개 기술은 현재 중요도가 높은 기술을 나열한 〈2023년도 테크놀로지 기대도 순위〉에서도 상위권에 올랐다. '완전 자율주행'이 4위, '산업 메타버스'가 2위, '간호 로봇'이 1위로, 2023년부터 2030년까지 이 기술들이 계속 중요할 것이라고 비즈니스 리더들은 보고 있는 것이다.

사람을 돕는 기술이 상위권에 오르다

상위 3개 기술의 공통점은 '인간을 돕는 기술'이라는 점이다. 이 기술들은 사람의 일을 자동화하거나 효율화한다. 사람만으로는 할 수 없었던 일을 할 수 있도록 하는 것, 즉 증력화(增力化)한다. 18~19쪽에 나란히 게재한 2023년과 2030년 테크놀로지 기대도 순위 상위 30위 기술들을 비교해 보면, 사람을 돕는 기술이 많다는 것을 알 수 있다.

예를 들어, '드론 배송'이나 '자율 배송 로봇'이 상위권에 오른 것은 운전 업무의 연간 초과 근무 시간이 지금보다 줄어들게 되는, 이른바 '2024년 물류 문제'에 대한 우려에서 비롯된 것이다. 직원이나 부서의 희망에 따라 인력 배치를 최적화하는 '인재 매칭 알고리즘'에 대한 기대도 있다. 일본에서는 노동인구가 줄어드는 상황에서 귀중한 인재를 살리지 않으면 안 된다.

의료 혁신과 건강 유지에 대한 관심도 높다. '수술 지원 로봇 원격 조작'은 2023년 기대도 9위, 2030년에도 14위에 올랐다. '노화세포 제거'의 2023년 기대도는 30위, 2030년 기대도는 11위까지 상승한다.

에너지 관련 기술에도 기대가 모이다

2023년 테크놀로지 기대도 순위에서 '완전 자율주행', '산업 메타버스', '간호 로봇'에 이어 '핵융합'이 4위를 차지하며 인간을 돕는 기술과 함께 에너지 관련 기술을 견인하고 있다.

핵융합의 2023년 기대도는 25위로, 2030년의 순위에서 기대치가 급상승하는 모습이 눈에 띈다. 아직 연구 중인 기술이고, 핵융합의 실현은 2030년 이후로 예상됨에도 불구하고 이만큼 기대를 모으는 것은 에너지의 안정적 공급에 대한 위기의식 때문이다. 다양한 활동을 지탱하는 전력을 화석연료에 의존해 공급하는 것은 온난화 가스 배출이라는 환경 문제 측면을 포함해 더 이상 이대로 지속하기 어렵다. 핵융합이나 각종 신재생에너지 기술에 기대를 거는 이유다.

2023년과 2030년 기대도 순위에서 에너지 관련 기술을 보면, 벽면과 천창 등 유리를 설치할 수 있는 곳에 설치하는 '투명 태양광 발전용 패널'이 3위에서 5위로, 이산화탄소와 물에서 수소와 탄화수소를 생성하는 '인공 광합성'이 10위에서 7위로, 사람이나

👑 2023년 테크놀로지 기대도 랭킹(유효 응답 767명)

순위	기술명 [개요]	기대도(%)
1	간호 로봇 [감지·판단·동작이 가능한 요양용 기기]	61.5
2	산업 메타버스[산업별로 준비하여, 숙련 작업자 부족 등에 대비]	50.6
3	투명 태양광 발전용 패널 [벽면, 천창 등 유리를 설치할 수 있는 곳에 설치 가능]	45.6
4	완전 자율주행 [운전자가 타지 않고, 시스템이 운전의 모든 것을 담당 (자율주행 레벨 5)]	44.3
5	드론 배송 [인력을 거치지 않고 상품 등을 배송]	43.3
6	자율 배송 로봇[2023년 4월 1일, 개정 도로교통법이 시행되면서 공공도로 주행 금지가 해제]	41.2
6	차세대 전력반도체 [전력 손실을 줄일 수 있는 차세대 소자]	41.2
8	그린 콘크리트 [이산화탄소를 흡수 또는 고정할 수 있음]	40.2
9	수술 지원 로봇 원격 조작 [원격지에서 네트워크를 통해 수술 지원 로봇을 조작]	37.4
10	인공 광합성[이산화탄소와 물에서 수소와 탄화수소를 생성]	35.1
11	연료전지 시스템 [승용차뿐 아니라 트럭, 건설기계, 고정식 전원장치에도 탑재 가능]	34.6
12	합성연료(e-fuel) [재생 가능 에너지에서 추출한 수소와 이산화탄소로 만든 연료]	34.3
13	안면 인증 결제 [얼굴만 비추면 상품의 구매가 가능]	33.8
14	문서 생성AI [질문에 답해주고, 설명문을 써주고, 회의록을 요약해줌]	33.0
15	무선 전력 공급/무선 충전 [IoT 기기와 센서의 배터리 교체 및 충전을 무선으로 활용]	32.7
16	딥페이크 대책 [AI로 만든 진짜 같은 가짜 이미지 등을 탐지]	32.6
17	수소 엔진차 [수소를 연료로 하는 내연 기관차]	31.9
18	IoT 방범 [창문 등에 센서를 부착하여, 무단으로 열렸을 때 거주자에게 알림]	31.0
19	태양광 발전 포장[사람이나 차량이 지나가도 파손되지 않는 태양광 패널을 도로에 설치]	30.8
19	갱년기 대책 [몸에 붙이는 센서로 데이터를 모으고, 건강 유지에 관한 조언을 제공]	30.8
19	인재 매칭 알고리즘 [직원과 부서의 희망에 따라 인재 배치를 최적화 함]	30.8
22	패스키(passkeys) [비밀번호 없이 인증이 가능]	30.4
23	양자 암호 통신 [양자역학의 원리로 정보 유출 및 도청을 방지]	27.6
23	페로브스카이트 태양전지 [저비용으로 제조, 접을 수 있고 구부려짐]	27.6
25	핵융합[중수소 등을 융합해 고에너지를 내며, 실용화는 2030년대라는 견해가 있음]	27.4
26	발신 도메인 인증 [스푸핑 메일을 판별하는 기술로, 생성AI 기술의 발전으로 중요성 높아짐]	27.2
27	육상 양식 [바닷물고기 등 수산물을 육상 수조에서 양식]	27.1
28	건설 3D프린터 [3차원의 벽과 거푸집을 현장에서 조형]	25.8
29	XR HMD(확장현실 헤드 마운트 디스플레이) [머리에 씌우면 영상과 현실을 겹쳐서 볼 수 있음]	25.6
30	노화세포 제거 요법 [천연 성분 등을 이용하여 노화세포를 제거하는 치료법]	24.6

출처: 닛케이BP종합연구소 《5년 후의 미래에 관한 조사[유망기술(2023년) 편]》

조사 실시기관: 닛케이BP종합연구소　　**조사 기간:** 2023년 6월 13일~6월 27일　　**응답자:** 767명

조사 대상: 닛케이BP의 인터넷 미디어(닛케이 비즈니스 전자판, 닛케이 크로스 테크 등)의 독자를 중심으로 폭넓은 업계에서 활약하는 비즈니스 리더에게 인터넷 조사 실시.

대상 기술과 응답 방법: 본서에서 다룬 100개 기술을 7개 분야로 분류. 각 분야의 기술에 대해 비즈니스 확대나 신규 비즈니스 창출의 시점에서 '지금 중요성이 높다'고 생각하는 기술을 3개까지 선택해, 선택한 응답자 수의 비율을 기대도로 했다.

👑 2030년 테크놀로지 기대도 랭킹(유효 응답 767명)

순위	기술명 [개요]	기대도(%)
1	완전 자율주행 [운전자가 타지 않고, 시스템이 운전의 모든 것을 담당(자율주행 레벨 5)]	58.8
2	산업 메타버스[산업별로 준비하여, 숙련 작업자 부족 등에 대비]	50.5
3	간호 로봇 [감지·판단·동작이 가능한 요양용 기기]	48.8
4	핵융합[중수소 등을 융합해 고에너지를 내며, 실용화는 2030년대라는 견해가 있음]	43.3
5	투명 태양광 발전용 패널 [벽면, 천창 등 유리를 설치할 수 있는 곳에 설치 가능]	42.5
6	그린 콘크리트 [이산화탄소를 흡수 또는 고정할 수 있음]	40.8
7	인공 광합성[이산화탄소와 물에서 수소와 탄화수소를 생성]	40.2
8	태양광 발전 포장[사람이나 차량이 지나가도 파손되지 않는 태양광 패널을 도로에 설치]	37.4
9	드론 배송 [인력을 거치지 않고 상품 등을 배송]	35.9
10	자율 배송 로봇[2023년 4월 1일, 개정 도로교통법이 시행되면서 공공도로 주행 금지가 해제]	35.6
11	노화세포 제거 요법 [천연 성분 등을 이용하여 노화세포를 제거하는 치료법]	33.5
12	합성연료(e-fuel) [재생 가능 에너지에서 추출한 수소와 이산화탄소로 만든 연료]	32.7
13	양자 암호 통신 [양자역학의 원리로 정보 유출 및 도청을 방지]	31.9
14	수술 지원 로봇 원격 조작 [원격지에서 네트워크를 통해 수술 지원 로봇을 조작]	31.0
15	수소 엔진차 [수소를 연료로 하는 내연 기관차]	30.1
16	갱년기 대책 [몸에 붙이는 센서로 데이터를 모으고, 건강 유지에 관한 조언을 제공]	30.0
16	차세대 전력반도체 [전력 손실을 줄일 수 있는 차세대 소자]	30.0
16	딥페이크 대책 [AI로 만든 진짜 같은 가짜 이미지 등을 탐지]	30.0
19	오프 그리드 주택[전력망(그리드)이 필요 없는(오프) 주택으로 어디에나 설치 가능]	29.5
20	인재 매칭 알고리즘 [직원과 부서의 희망에 따라 인재 배치를 최적화함]	29.3
21	XR HMD(확장현실 헤드 마운트 디스플레이) [머리에 씌우면 영상과 현실을 겹쳐서 볼 수 있음]	28.8
22	연료전지 시스템 [승용차뿐 아니라 트럭, 건설기계, 고정식 전원장치에도 탑재 가능]	28.0
23	실리콘형 양자컴퓨터[초전도형에 비해 온화한 조건에서 소음을 제어할 수 있고, 소형화가 용이]	27.1
24	안면 인증 결제 [얼굴만 비추면 상품의 구매가 가능]	26.6
25	건설 3D프린터 [3차원의 벽과 거푸집을 현장에서 조형]	26.1
26	오감 원격 전송 [원격지에 있는 물건을 만지거나 냄새를 맡을 수 있음]	25.8
27	BMI(뇌 기계 인터페이스) [뇌와 컴퓨터를 연결]	24.9
27	머티리얼스 인포매틱스(MI) [AI 등을 활용한 소재 개발 지원]	24.9
29	인공육 [식물이나 배양한 동물의 세포를 재료로 함]	24.4
30	AI 생성 콘텐츠 탐지 [AI로 만든 콘텐츠인지 여부를 AI로 판단]	23.1

출처: 닛케이BP종합연구소 《5년 후의 미래에 관한 조사[유망기술(2023년) 편]》

조사 실시기관: 닛케이BP종합연구소　　**조사 기간:** 2023년 6월 13일~6월 27일　　**응답자:** 767명

조사 대상: 닛케이BP의 인터넷 미디어(닛케이 비즈니스 전자판, 닛케이 크로스 테크 등)의 독자를 중심으로 폭넓은 업계에서 활약하는 비즈니스 리더에게 인터넷 조사 실시.

대상 기술과 응답 방법: 본서에서 다룬 100개 기술을 7개 분야로 분류. 각 분야의 기술에 대해 비즈니스 확대나 신규 비즈니스 창출의 시점에서 '2030년에 있어서 중요성이 높다'고 생각하는 기술을 3개까지 선택해, 선택한 응답자 수의 비율을 기대도로 했다.

자동차가 지나가도 부서지지 않는 태양광 패널을 도로에 설치하는 '태양광 발전 포장'이 19위에서 8위로 상승했다.

이산화탄소 등 온실가스 배출을 전체적으로 제로화하는 탄소 중립 관련 기술, 예를 들어 재생에너지에서 추출한 수소와 이산화탄소로 만드는 '합성연료(e-fuel)', 그리고 '수소 엔진 자동차', '연료전지 시스템' 등이 30위권 안에 들었다.

AI를 둘러싼 비즈니스 리더들의 반응은?

사람을 지원하는 기술, 에너지 관련 기술이 2030년을 향한 전망에서 기대를 모으고 있다. 이것이 니즈의 큰 흐름이지만, 한편으로 2030년이든 2023년이든 기대도 순위 상위 30개 기술에 잘 나타나지 않은 것이 AI(인공지능) 관련 기술이다.

본서에 게재된 100개의 기술은 일렉트로닉스, 메카트로닉스, 자동차, ICT(정보통신), 건축, 토목, 의료, 바이오테크 등을 지켜보는 닛케이BP의 전문매체 편집장, 싱크탱크 부문인 종합연구소의 연구소장 등 총 50명에게 '다음 해 이후 세계를 바꿀 가능성이 있는 기술은 무엇인가?'를 질문하여 가능성을 가진 기술을 꼽게 하고, 그중에서 선정했다. 이는 '시즈(연구 개발 측에서 제공하는 기술)'에 대한 조사라고 할 수 있다.

그 결과, 이번에 다룬 100개 테크놀로지 중 12개가 AI 관련 기술이다. 그러나 기대도 순위에서 AI는 그다지 높은 순위를 차지하지 못했는데, 2023년 기대도에서 '문서 생성AI'가 14위에 올랐지만, 2023년 기대도에서는 30위에도 들지 못했다.

그 이유로는 2023년에 들어서면서 큰 화제가 되었던 문서와 이미지를 생성하는 AI가 순식간에 많은 툴과 애플리케이션에 내장되어 아주 가까운 곳에서 사용되어 당연한 존재로 여겨졌기 때문일 수 있다. 지금 당장 사용할 수 있는 만큼, 지금까지 나열한 상위 기술만큼 세계를 바꿀 것으로 여겨지지 않을지도 모른다.

애초에 AI는 그 자체로 단독으로 사용되기보다는 무언가에 내장되어 그 힘을 발휘한다. 자동화에 없어서는 안 될 기술이며, 자율주행과 로봇을 비롯한 다양한 기술 속에서 활용될 것이다.

AI에 대한 기대치가 그리 높지 않았던 또 다른 이유로는 너무 빠른 확산으로 인해 세계를 나쁜 방향으로 바꾸는 기술로 의심받는 측면도 있는 것 같다. AI로 만든 진짜와 꼭 닮은 가짜 이미지 등을 감지하는 '딥페이크 대책'은 2023년과 2030년 모두 기대도에서 16위를 차지하고 있다. 2030년 기대도에는 AI로 만든 콘텐츠인지 아닌지를 AI로 판단하는 'AI 생성 콘텐츠 탐지'가 30위에 올랐다.

모든 기술은 양날의 검이며, 세상을 크게 바꿀수록 부작용을 동반하는 경우가 있다. 부작용은 테크놀로지의 활용과 함께 '딥페이크 대책', 'AI 생성 콘텐츠 탐지'와 같이 기술로 대처해 나가야 할 것이다.

이 책의 구성

이 책은 2장부터 8장까지 분야별 테크놀로지를 소개하고 있다. 2장은 AI로, 비즈니스 리더들이 기대하는 'AI의 위험으로부터 자신을 보호하기 위한 AI'를 몇 가지 소개하고 있다.

3장은 건축·토목, 4장은 전기·에너지, 5장은 모빌리티다. 앞서 언급한 에너지 관련 기술들이 이 장들에 등장한다.

건축과 토목 분야에서는 이산화탄소 흡착, 태양광 이용 등 환경 친화적인 노력이 활발하다. 이산화탄소를 흡수하거나 고정할 수 있는 '그린 콘크리트'는 2030년 기대도 6위, 2023년 8위에 올랐다.

전기 분야에서는 전력을 효율적으로 활용할 수 있는 반도체와 배터리 연구가 진행된다. 자동차로 대표되는 모빌리티 분야에서는 재생에너지 이용에 대한 도전이 이루어지고 있다.

사람을 돕는 기술은 6장의 의료·건강·식농, 7장의 라이프 스타일·워크 스타일에서 많이 볼 수 있다. 의료와 건강 영역에서는 오래전부터 삶의 질(QoL, Quality of Life)을 높이는 것이 중시되고 있으며, 여기에 기술이 기여하게 된다. 생활이든 일이든 스트레스를 줄이고 심신을 평온하고 풍요롭게 하는 것이 요구되고 있다. 마지막 8장에서는 IT·통신을 다루고 있는데, 오감 전달이나 뇌와의 직결 등 인간과의 융합도 진행된다. 이것도 삶의 질을 실현하기 위한 움직임이라고 할 수 있다.

기술 성숙도와 기대도를 읽는 방법

이 책에 수록된 100개 기술에 대해 모두 '기술 성숙 레벨'과 '2030

기대지수'를 기재했다. 기술 성숙 레벨은 3단계 평가로 '상(上)'은 실용화되어 제품이 나온 것, '중(中)'은 시제품(프로토타입, prototype)이 있고 검증 중인 것, '하(下)'는 아직 연구 단계에 있고 경우에 따라서는 이론만 있는 것으로 설정했다.

'2030 기대 지수'는 앞서 언급한 테크놀로지 기대도 조사를 바탕으로 2030년 기대도를 기재하고 있다. 다만 성숙 레벨과 기대지수가 높은 기술이 유망한 기술인가에 대한 이야기는 그리 단순하지 않다. 기술이 보급되어 세계를 변화시키는 과정은 다양하다. 높은 성숙 레벨을 가지고 있음에도 불구하고 보급되지 않을 수도 있고, 검증 중임에도 불구하고 문의가 쇄도하고 단번에 제품으로 출시되어 시장을 석권하기도 한다. 시장조사를 통해 많은 소비자들이 원한다고 판단한 기술을 이용해 제품을 출시했지만 전혀 팔리지 않는 경우도 종종 발생한다.

성숙 레벨과 기대지수 모두 어떤 측면에서의 견해이며, '이 기술은 아직 성숙하지 않았고 기대치도 높지 않지만, 내 업무와 이렇게 연관 지어보면 재미있지 않을까' 하는 식으로 생각해보는 힌트가 되었으면 한다.

참고로, 기대지수는 이미 사용할 수 있는 유력한 기술이라도 숫자가 낮게 나오는 경우가 있는 반면, 언론에 자주 보도되는 기술은 기대지수가 높게 나오는 경향이 있다.

－ 타니시마 노부유키(닛케이BP 종합연구소 미래 랩)

2장

AI

AI의 위험으로부터
자신을 지키기 위한 AI의 등장

문서 생성AI

질문에 답해주고, 설명문을 써주고,
회의록을 요약해줌

:
:
:
:
:

기술 성숙 레벨 | 상　2030 기대지수 | 16.6

미국 오픈AI의 챗GPT로 대표되는 대화형 자연어 처리 모델의 총칭이다. 채팅 형식으로 영어나 일본어 등 자연어로 질문하면 자연스러운 문장으로 답변한다. 대량의 문서 데이터를 학습시키고, 나아가 적절한 답변을 할 수 있도록 인간이 모델에게 정보를 제공해 '6 RLHF(인간의 피드백에 기반한 강화학습)' 모델의 정확도를 높이고 있다.

문서 생성AI는 빠르게 진화하고 있는 기술이며, 활용 방법까지 포함하면 아직 성숙했다고 할 수 없다. 하지만 미국 마이크로소프트의 제품을 비롯해 일상에서 사용하는 애플리케이션과 시스템에 속속 포함되고 있으며, 이를 사용하면 AI가 제안이나 관련 정보를 즉각적으로 여러 가지로 제시하며 다음 질문을 유도한다. 사람은 더 질문하고 판단이나 조정하면서 결과물을 만들어 낸다.

실용화 단계에 접어들었기 때문에 '기술 성숙 레벨'은 '상'으로 평가했다.

비즈니스 리더들을 대상으로 설문조사를 한 결과 '2030 기대지수'는 16.6으로 그다지 높지 않았고, 1장에 게재한 〈2030 테크놀로지 기대도 순위〉 상위 30위권에도 들지 못했다. 현재 기대하는 결과를 나타내는 '2023 기대도'는 33.0으로 14위다. 챗GPT가 등장하고 난 후의 소란스러움을 감안하면 이 역시 높다고 할 수는 없지만, 문서 생성AI가 우리 가까이에서 당연시되고 있는 결과라고 볼 수 있다.

2023년 3월, 오픈AI는 챗GPT의 API(애플리케이션 프로그래밍 인터페이스)를 공개하고, 앞서 도입에 나선 여러 사례를 소개한 바 있다. 캐나다 쇼피파이(Shopify)가 운영하는 전자상거래 서비스 '쇼피파이'의 이용자를 위한 앱 '숍(shop)'을 사용하면, 생각이 정해져 있지 않더라도 '이런 물건이 있나요?'라는 질문을 말로 표현하는 것만으로 쇼피파이를 사용하는 점포군을 가로질러 상품 후보를 찾아준다. 마치 우수한 점원에게 말을 걸면 바로 상품을 나열해 소개해주는 느낌에 가깝다.

미국 인스타카트(Instacart)의 쇼핑 대행 서비스 '인스타카트'는 '아이의 건강을 생각한다면 어떤 점심을 먹이면 좋을까'와 같이 부모들끼리 주고받는 질문에 응답하는 기능을 갖췄다. 이용자는 현재의 기분이나 궁금한 점을 전하고 대화하는 과정에서 '오늘 점심은 이렇게 하자'라는 행동과 쇼핑 아이디어를 얻어 쇼핑을 부탁한다. 챗GPT와 자체 AI를 사용해 인스타카트 제휴 매장의 상품 데이터를 활용한다.

6,000만 명 이상이 학습에 사용하는 미국의 퀴즐렛(Quizlet)은 챗GPT의 API를 접목해 학생들이 즐겁게 채팅하면서 학습 자료를 읽고, 질문하고, 이해도를 높일 수 있도록 했다. 이해가 부족해 정확하게 질문하지 못하더라도 묻고 답하기를 반복하다 보면 이해해야 할 대상의 전체가 보이기 때문에 정말 궁금했던 것을 질문할 수 있다.

문서 생성AI의 활용이 본격화되면서 특정 용도나 분야에 특화된 대처가 생겨나고 있다. 미국 블룸버그는 챗GPT와 유사한 기술을 사용해 금융 분야에 특화된 언어 모델을 가진 생성AI를 실용화하고 있다. 미국 맥킨지는 릴리(Lilli)라는 독자적인 생성AI 툴을 개발했다. 컨설팅 프로젝트의 정보, 통찰력, 계획에 대해 대화할 수 있고, 필요한 전문가를 추천해 준다. 2023년 8월 발표 당시 약 7,000명이 사용하고 있으며, 조사나 계획에 소요되는 시간을 기존 몇 주에서 몇 시간으로 단축하고 있다고 한다.

미국 링크드인(Linked in)은 2023년 6월, 마케팅 담당자를 대상으로 오픈AI의 생성AI를 활용해 광고 원고 작성을 지원하는 'Copy Suggestions'를 제공하기 시작했다. 30단어 내외로 AI에게 취지를 전달하면 AI가 초안을 만들고 이를 확인, 편집해 게시할 수 있다. AI는 링크드인 페이지와 캠페인 관리자 설정 등의 데이터를 활용해 5가지의 헤드라인과 카피를 제안한다.

전문가들의 업무 지원에도 문서 생성AI가 실용화되고 있다. 오픈AI가 지원하는 스타트업인 미국의 하비(Harvey)는 영국 대형 로

펌 앨런앤오버리(Allen&Overy)의 43개 지점의 직원 3,500여 명에게 법률에 관한 간단한 질문에 답하고, 법률 문서를 작성하고, 고객에게 보내는 메시지를 작성하는 툴을 제공하고 있다. 직원의 80%가 한 달에 한 번 이상, 4명 중 1명은 매일 사용한다고 한다.

의료 종사자를 위한 SNS인 '독시미티(Doximity)'를 운영하는 미국 독시미티는 보험회사에 대한 사전 승인서나 진단 결과(어필 레터) 문안 작성 등 의사가 해야 하는 업무를 지원하는 챗GPT 툴의 베타 버전을 공개하고 있다.

이상의 사례에서 알 수 있듯이 사람과 문서 생성AI의 협업을 통해 창의성을 높이는 효과를 얻을 수 있다. 일상의 업무와 생활에 녹아들어 절차나 해결 방법을 바꾸어 간다. '의사의 진단을 AI가 대신한다'라는 것처럼 사람을 대체하는 것이 아니다.

애초에 답이 없거나, 질문이나 욕구가 아직 모호한 것이라도 대화를 하면서 질문과 답을 조합해 나갈 수 있다. 대량의 정보를 바탕으로 순식간에 다양한 각도에서 제안과 관련 정보를 내놓기 때문에 대화가 활발해지고 사고와 행동이 자극된다. 사람이 혼자 일하는 것보다 압도적으로 빠르고, 변호사나 의사와 같은 전문가가 아니면 할 수 없는 관리 업무 등을 지원할 수 있어, 전문가는 더 가치 있는 일에 시간을 쓸 수 있다. 또한 사람과 AI의 협업 효과는 이미지 생성AI 등 다른 AI에 대해서도 마찬가지다.

– 쿠와바라 리에(삿포로 스파클),
타니시마 노부유키(닛케이BP 종합연구소 미래 랩)

프롬프트 엔지니어링

AI의 답변을 잘 이끌어낼 수 있는
프롬프트(지시문)를 준비

:
:
:
:
:

기술 성숙 레벨 | **중**　　2030 기대지수 | **9.9**

글이나 이미지 등의 콘텐츠를 생성할 수 있는 생성AI에 대해
이용자의 의도에 맞는 결과물을 효율적으로 작성하게 하는
방법을 생각하여 지시하는 것. 프로그래밍 코드나 이미지 등
용도별로 효과적인 지시 방법이 있다.

텍스트로 간단히 지시만 하면 문장이나 이미지 등을 만들어 내는
생성AI의 이용이 급증하고 있다. '모모타로의 속편', '말을 탄 우
주 비행사의 초상화' 등 자연어로 된 간단한 지시만으로도 나름
의 문장이나 이미지를 만들 수 있다.

　하지만 간단한 지시만으로 만들어진 결과물에 대해서는 금세
아쉬움을 느끼고 위화감을 느끼게 된다. 개성이 부족해 매력을
느끼지 못하거나, 지시를 따랐지만 기대하거나 상상했던 결과와
먼 결과물이 자꾸 나오기 때문이다.

프롬프트 엔지니어링은 AI의 특징을 이해한 후 사용자의 기대에 부합하는 결과물을 도출하기 위한 지시 방법이다. AI의 특징을 이용한 노하우에 가까운 것, 준비된 명령문을 사용하는 프로그래밍에 가까운 것, 그리고 그 조합이 프롬프트 엔지니어링에 포함된다.

예를 들어, 문장 작성 AI에게 '중학생이 이해할 수 있도록', '3~4문장으로 설명해 줘'라는 지시를 전달하거나, 일러스트를 생성하는 AI에게 명령어로 'happy laughing 1.3'이라고 웃는 정도를 지정하는 등 이용자의 목적과 기대에 부합하는 결과물을 얻기가 쉬워진다.

대화형 생성AI인 챗GPT에 '무역 업무에서 자주 사용하는 영어 전문 용어집'을 만들게 한 예를 제시한다. 전문용어를 나열하

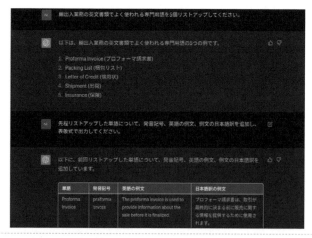

[자료 2-1] 프롬프트 엔지니어링의 예
무역 업무에서 자주 사용하는 전문 용어집을 만들게 하고 있다. (출처: 닛케이 컴퓨터)

게 하는 것뿐만 아니라 발음 기호, 예문, 예문의 일본어 번역 등을 추가하여 표 형식으로 표시하도록 지시하고 있다. 이렇게 하면 업무에 바로 사용할 수 있는 용어집을 만들고 싶다는 목적에 맞는 결과물을 단시간에 만들 수 있게 된다.

프롬프트 엔지니어링을 담당하는 프롬프트 엔지니어라는 직종이 등장할 것이라는 의견도 있고, 실제로 그 명칭의 인력 모집도 있다. 다만, 생성AI가 다양한 서비스나 애플리케이션에 탑재되어 일반화되는 것을 생각하면, 프롬프트 엔지니어링은 일반 사용자의 소양으로 널리 자리 잡을 것으로 보인다.

– 사토 레이(작가)

이미지 생성AI

문장으로 설명만 하면 원하는 이미지를 생성

기술 성숙 레벨 | **중**　2030 기대지수 | **12.8**

발주자나 설계자가 직접 손으로 그린 그림이나 문장을 이용해서 대화하면 이미지가 자동 생성된다. 프레젠테이션이나 설계의 노력을 획기적으로 줄일 수 있다. 다만 아직은 도출되는 그림이 좋은 것과 나쁜 것이 한데 섞여 있으며, 최단 시간에 '쓸만한 그림'에 접근하는 방법이 기업이나 대학에서 연구되고 있다.

건축 분야 생성AI 서비스를 제공하는 마인(mign)은 2023년 7월 '아키텍처 디자인 봇(Architecture Design Bot)'을 발표했다. 이 서비스를 이용하면 설계자의 발주자 인터뷰를 AI가 대신하고, 발주자가 원하는 건물 이미지를 AI가 자동 생성한다.

먼저 대화형 AI(미국 오픈AI의 챗GPT)가 발주자에게 원하는 주택의 스타일과 색상, 주변 환경 등을 질문한다. 6~8개 문항으로 5분

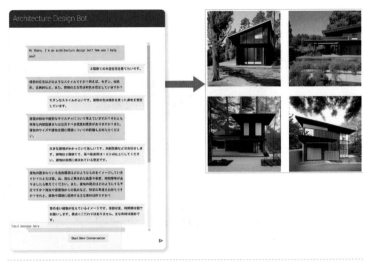

[자료 2-2] 아키텍처 디자인 봇을 사용하여 작성한 파사드 디자인
여러 질문에 답하면 건물 외관이나 내관 이미지가 출력된다. (출처: 마인)

정도면 대답할 수 있다. 답변을 마치면 그 내용을 바탕으로 건물 외관과 내관의 이미지 4장을 이미지 생성AI(영국 스태빌리티의 Stable Diffusion)가 자동 생성한다.

오바야시구미(大林組, 일본의 종합건설회사―옮긴이)는 2023년 7월, AI를 활용한 설계 지원 툴 아이콜브(AiCorb)의 사내 운용을 시작했다. 손으로 그린 스케치와 건물을 이미지화한 글에서 다양한 파사드 디자인 안을 단시간에 출력할 수 있고, 이를 바탕으로 3차원 모델을 생성한다.

아이콜브는 오바야시구미와 미국 SRI인터내셔널(SRI International)이 공동 개발했다. 미국 스타트업 기업인 하이퍼(Hypar)의 설계 플랫폼 '하이퍼'의 확장 기능으로 구현한다. 하이퍼에 부지 조건 등

[자료 2-3] 오바야시구미가 사용하는 설계 지원 툴 '아이콜브(AiCorb)'
볼륨 모델과 스케치 이미지 데이터 등을 기반으로 AI가 디자인을 생성한다. (출처: 오바야시구미)

을 입력하면 어느 정도 규모의 건물을 지을 수 있는지를 자동으로 검토할 수 있다.

일본어 문장 입력도 가능하다. 대략적인 스케치와 '곡선형 유리 커튼월이 특징인 도심형 오피스 빌딩'이라는 문장과 주변 환경, 시간대 등을 입력하면 40초 정도면 이를 반영한 파사드 디자인 3장을 제시한다.

건물 규모 검토부터 발주처에 여러 설계안을 제출하기까지 오바야시구미는 아이콜브를 활용하면 최단 1주일 정도면 제안서를 작성할 수 있다고 한다. 기존에는 4주에서 6주가 걸렸다.

오바야시구미는 설계 초기 단계에 걸리는 기간을 단축함으로써 발주자와의 협의 과정에서 제안과 수정을 빈번하게 실행할 수 있게 되어, 보다 요구사항에 가까운 설계안을 작성할 수 있을 것으

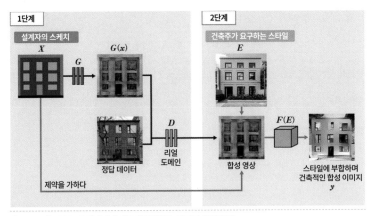

[자료 2-4] 건축주와 설계자의 의도에 부합하는 이미지 생성 방법

1단계에서 건축으로서 실현 가능한 범위를 갖기 위해 창문, 문, 벽과 같은 구성 요소의 이미지를 현실의 이미지에 가깝게 만든다. 2단계에서 발주자가 기대하는 스타일과 합성한다. (출처: 오사카대학 후쿠다 토모히로 연구팀)

로 보고 있다.

오사카대학 대학원 공학연구과 환경에너지공학전공 후쿠다 토모히로 부교수는 건축주가 원하는 이미지를 입력하면 건축물로 완성되는 이미지를 자동 생성하는 방법을 개발해 2023년 3월에 발표했다. 건축주가 건축양식 등 원하는 스타일을 나타내는 사례를 선택하고, 설계자가 창문, 문, 벽, 지붕 등 파사드를 구성하는 요소를 입력하면 최종 설계도를 자동 생성한다.

자동 생성은 2단계로 이뤄지는데, 먼저 설계자가 그린 이미지를 사실적인 이미지로 변환한다. 다음으로 딥러닝(Deep Learning, 심층학습)을 이용해 발주자가 선택한 스타일의 특징을 합성한다. 이렇게 하면 발주자가 구상한 이미지에서 벗어나지 않으면서도 건축으로서 가능한 범위의 이미지를 만들어낼 수 있다.

후쿠다 부교수는 앞으로 주목해야 할 기술로 '너프(NeRF)'를 꼽는다. 영상이나 여러 장의 이미지에서 3D 렌더링을 만들 수 있는 이미지 생성AI 기술로, 3D 모델을 거치지 않아도 된다. 투명도나 반사, 굴절, 즉 유리나 거울면 등 건축에서 중요한 요소도 재현 가능해진다.

– 스가와라 유이코, 오쿠야마 코헤이

(닛케이 크로스 테크 · 닛케이 아키텍처)

004

오픈소스 LLM (대규모 언어 모델)

자사 환경에서 자사만의 생성AI를
구축하여 활용 가능

> 기술 성숙 레벨 | **고**   2030 기대지수 | **17.9**

사용자가 자체 환경에서 구동할 수 있는 LLM(대규모 언어 모델)
이다. 미국 스탠퍼드대, 캘리포니아대 버클리, 카네기멜론
대 등의 연구진이 잇따라 발표했다. 모두 미국 메타(Meta)가
2023년 2월 연구자 전용으로 공개한 사전 학습 완료 LLM
'라마(Llama)'를 기반으로 개발되었다.

미국 오픈AI의 챗GPT에 필적하는 성능을 가진 오픈소스 소프트
웨어(OSS)가 속속 등장하고 있다. 전 세계 연구자와 기업들이 공
개하고 있으며, 지금까지 10개 이상의 OSS가 등장했다. 오픈AI
는 챗GPT 등을 서비스로 제공하고 있지만, 소프트웨어 본체나
학습된 머신러닝 모델은 공개하지 않아 자체 환경에서 챗GPT를
구동할 수 없다.

가장 먼저 주목받은 것은 미국 유력 대학 연구진이 공개한 OSS

일시(미국시간)	발표한 연구자의 소속	OSS의 명칭
2023년 3월 13일	미국 스탠퍼드대학교	Stanford Alpaca(알파카)
2023년 3월 30일	미국 캘리포니아대학교 버클리캠퍼스 (UCB), 미국 카네기멜론대학교(CMU)	Vicuna(비쿠냐)
2023년 4월 3일	BAIR(버클리 인공지능 연구소)	Koala(코알라)
2023년 5월 23일	미국 워싱턴대학교	Guanaco(과나코)

[자료 2-5] 오픈 소스 LLM의 일례
(출처: 닛케이 크로스 테크)

다. 스탠퍼드대 연구진이 지난 2023년 3월 발표한 '스탠퍼드 알파카(Stanford Alpaca)', 캘리포니아대 버클리 캠퍼스(UCB)와 카네기멜론대(CMU) 연구진이 2023년 3월 발표한 '비쿠냐(Vicuna)', UCB의 AI 연구기관인 BAIR(Berkeley Artificial Intelligence Research)이 2023년 4월에 발표한 '코알라(Koala)' 등이 있다.

이들은 모두 미국 메타가 2023년 2월 연구자들을 위해 공개한 사전 학습된 대규모 언어 모델 '라마(Llama, Large Language Model Meta AI)'를 기반으로 개발됐다. 메타는 최대 6,550억 개의 파라미터를 가진 머신러닝 모델을 최대 1조 4,000억 개의 문장 데이터로 학습시킨 라마를 연구자들에게 무상으로 공개했다. 그동안 비용적인 측면에서 접근하기 어려웠던 대규모 언어 모델 관련 연구를 활성화하기 위해서다.

또한 메타는 2023년 7월 일반 기업이 상업적으로 이용할 수 있는 대규모 언어 모델인 '라마 2(Llama 2)'를 공개했다. 공개된 라마 2는 최대 700억 개의 파라미터로, 메타는 2023년 8월 24일에는 프로그램 소스 코드를 생성할 수 있는 '코드 라마(Code Llama)'도 공

개한 바 있다. 대규모 언어 모델을 공유형 클라우드 서비스로만
사용하는 것이 아니라, 자사 전용으로 이용할 수 있는 여건이 마
련된 것이다.

— 나카타 아츠시(닛케이 크로스 테크·닛케이 컴퓨터)

005

일본어 LLM

보다 자연스러운 일본어로 문서를 작성하고
질문에 답변이 가능

.
.
.
.
.

기술 성숙 레벨 | 고   2030 기대지수 | 13.8

일본어에 특화된 학습을 통해 보다 자연스러운 일본어를 출력
할 수 있도록 한 LLM(대규모 언어 모델). 영어를 중심으로 다국어에
대응하는 LLM에 비해 모델 크기가 작다. 미국 오픈AI의 LLM
'GPT-3.5'의 학습에 사용한 데이터는 영어가 압도적으로 많으
며, 영어로 학습한 지식이 일본어로 학습한 지식보다 많기 때문
에, 영어로 질문하면 더 정확한 답변을 얻기 쉬운 경향이 있다.

일본어에 특화된 LLM을 개발해 상용 가능한 라이선스로 공개하
는 사례가 잇따르고 있다. 사이버에이전트(Cyber Agent)는 2023년
5월 11일, 독자적인 일본어 LLM을 개발했다고 발표했다. 130억
개의 파라미터를 이용한 학습과 개발을 완료했으며, 배너 광고에
기재할 광고 문구안을 생성하는데 사용한다.

실용화하고 있는 배너 광고 작성 지원 시스템 '극예측 AI'에 새

일시	발표처	모델명 (Hugging face에 등록된 명칭)	최대 파라미터 수	공개 라이선스
2023년 5월	CyberAgent	open-calm	68억	CC BY-SA 4.0 license
2023년 5월	rinna	japanese-gpt-neox	36억	The MIT license
2023년 8월	Stability AI Japan	japanese-stablelm- base-alpha	70억	Apache License, Version 2.0
2023년 8월	LINE	japanese-large-lm	36억	Apache License, Version 2.0

[자료 2-6] 상업적으로 이용 가능한 일본어 전문 LLM 발표가 잇따르고 있다
(출처: 닛케이 크로스 테크)

로 개발한 LLM을 적용하면 보다 자연스러운 일본어 광고 문구 안을 만들 수 있다고 한다. 광고 문구안을 자동 생성해 광고 효과를 예측하고, 기존 배너 광고를 능가할 전망이 높은 문구를 디자이너가 선택할 수 있다.

나아가 사이버에이전트는 2023년 5월 17일, 130억 파라미터의 일본어 LLM과 별도로 생성AI에 사용할 수 있는 일본어 LLM을 독자적으로 개발해 일반에 공개했다고 밝혔다. 상업적 이용이 가능한 라이선스로 무상 공개하고 있으며, 다른 기업들도 이 모델을 기반으로 독자적인 생성AI를 개발할 수 있다.

공개된 LLM은 최대 68억 개의 파라미터를 가지고 있으며, 위키피디아의 일본어 페이지와 비영리단체 'Common Era W1'이 크롤링하여 수집한 일본어 데이터를 사용해 학습시켰다. 이 학습된 모델을 소스 코드 공유 사이트 '허깅 페이스 허브(Hugging Face Hub)'에서 상업적 이용이 가능한 'CC BY-SA 4.0' 라이선스로 무상 공개했다.

— 타마키 료타, 겐 다다오(닛케이 크로스 테크·닛케이 컴퓨터)

RLHF(인간 피드백 기반 강화학습)

인간의 취향과 의도에 맞게
인간이 AI에 정보를 제공

. . . .

기술 성숙 레벨 | 고   2030 기대지수 | 16.3

RLHF는 Reinforcement Learning with Human Feedback의 약어로, '인간의 피드백에 기반한 강화학습'으로 번역된다. 일단 한 번 학습한 LLM(대규모 언어 모델)을 인간이 받아들이기 쉽게 행동하는 LLM으로 진화시킬 수 있다.

머신러닝 방식에는 정답 데이터를 제공하는 '지도학습', 정답 데이터를 제공하지 않고 AI 스스로 데이터의 특징을 찾아 학습하는 '비지도학습', AI가 시행착오를 겪으며 학습하는 '강화학습'이 있다. 강화학습에서는 더 가치가 높은 쪽으로 시도하도록 유도하기 위해 추론 결과를 평가하는 또 다른 모델을 준비하는데, LLM의 기본 모델은 지도학습을 통해 만들어진다. 그 다음 학습 데이터로부터 추론 결과에 대한 평가를 부여하는 보상 모델을 만들고, 이 보상 모델에 따라 강화학습을 수행한다. 이때 지도학습의 결

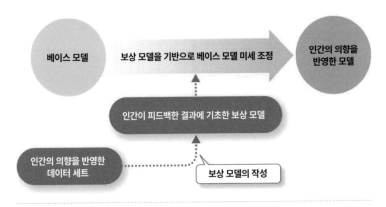

[자료 2-7] RLHF의 구조
교사가 학습한 기본 모델을 보상 모델을 이용한 강화학습을 통해 튜닝한다. (출처: 닛케이 크로스 테크)

과에서 너무 벗어나지 않도록 조정함으로써, 한층 더 인간의 기호에 맞는 추론을 할 수 있게 된다.

오픈AI는 2022년 1월, RLHF를 실시한 LLM을 InstructGPT로 공개했다. 사전 학습된 GPT-3 모델에 RLHF와 '지도학습을 통한 파인 튜닝(SFT, Supervised Fine-Tuning)'을 추가하여 개발했다.

SFT는 질문과 답변이 짝을 이룬 대화 샘플 데이터를 인간이 1만 3,000건 작성하고, 이를 이용해 인간이 선호하는 대화 패턴을 사전 학습된 모델에 추가 학습시켰다. 그리고 추가 학습된 모델의 출력에 대해 인간이 그 내용을 평가한다. 출력에 우선순위를 매긴 평가 데이터 3만 3,000건을 작성해 RLHF에 사용했다. 그 결과, SFT와 RLHF를 하면 머신러닝 모델을 거대화하지 않고도 성능을 향상시킬 수 있는 것으로 나타났다. InstructGPT의 논문에 따르면, 13억 파라미터의 InstructGPT가 100배 이상 큰 1,750억 개 파라미터의 GPT-3보다 인간이 선호하는 출력을 보였다고 한다.

챗GPT도 사전 학습된 GPT-3.5 모델에 SFT와 RLHF를 추가하여 개발되고 있다. 챗GPT의 성공에 SFT와 RLHF가 크게 기여한 것으로 보인다.

– 호쿠고 타츠로(닛케이 크로스 테크·닛케이 네트워크),

나카타 아츠시(닛케이 크로스 테크, 닛케이 컴퓨터)

AI 생성 콘텐츠 탐지

AI로 만든 콘텐츠인지 여부를 AI로 판단

························

기술 성숙 레벨 | **중**　　　2030 기대지수 | **23.1**

AI가 작성한 글이나 이미지를 탐지하기 위해 AI를 사용한다. AI의 발전으로 인간이 만든 것처럼 보이는 글과 이미지가 쏟아져 나오면서, 이를 가려낼 필요가 생기고 있다. 특히 교육 현장에서는 학생들이 AI로 작성하게 한 글을 제출할 수도 있다는 우려가 있다.

다양한 분야의 질문에 상세한 답변을 생성할 수 있는 챗GPT를 개발한 미국 오픈AI는 2023년 1월, AI가 쓴 글을 찾아내는 툴 'AI가 작성한 텍스트를 표시하는 AI 분류기(AI classifier for indicating AI-written text)'를 발표했다. 1,000자, 150~250단어 문장에 대해 사람이 쓴 것인지 AI가 쓴 것인지 판별한다. 챗GPT의 생성 문장이 자연스러워 사람이 쓴 문장과 구분이 어려워, 스푸핑(spoofing, 의도적인 행위를 위해 타인의 신분으로 위장하는 것-옮긴이) 등의 우려가 있는 것에 기술적으로 대응하려는 시도이다. 오픈AI는 교육 관계자들에게 의견이나 정보 제공을 요청하고 있지만, 이 툴의 정확도는 아직 높지 않은 것으로 알려져 있다.

이 문제를 해결하려는 스타트업이 등장하고 있다. 2023년 1월 설립된 미국 GPT제로(GPT Zero)는 'AI detection(AI 감지)'이라는 툴을 공개, 100만 명 이상이 사용자 등록을 했다. 문장의 복잡성과 변화의 정도를 측정해 AI가 쓴 것인지 아닌지를 판단한다. 2023년 5월에는 크롬 확장 프로그램(Origin Chrome Extension)을 발표했다. 구글 브라우저와 조합해 사용하면 검색한 문장이 AI가 생성한 글인지 아닌지를 자동으로 판단해준다.

또 메릴랜드대 연구진은 AI로 생성한 문서에 워터마크를 남기는 방법을 고안해 공개하고 있다. 워터마크는 종이의 비침을 의미하지만, 디지털 정보에 저작권 표시 등을 하기 위해 추가하는 정보를 지칭하기도 한다. 문서 데이터에 워터마크가 붙어 있으면 이를 탐지해 AI로 작성한 것으로 판단한다.

물론 AI가 탐지하기 전에 기업이나 교육기관이 생성AI를 사용하는 규칙을 정하고, 직원이나 학생들이 이를 지키는 것도 요구된다. 하지만 생성AI 자체의 진화 속도가 빠르고 이용자는 계속 늘어나기 때문에 문제가 발생할 수밖에 없다. 기술이 일으키는 문제는 기술로 풀어야 한다.

– 후루하타 준페이(닛케이 크로스 트렌드)

딥페이크 대책

AI로 만든 진짜 같은 가짜 이미지 등을 탐지

기술 성숙 레벨 | 고   2030 기대지수 | **30.0**

AI를 이용해 실제와 비슷하게 만든 가짜 이미지, 동영상, 음성 등 이른바 딥페이크(Deep Fake)를 탐지한다. 어떤 음성이 사람에 의한 것인지, AI 생성에 의한 것인지 판단하는 기술이 연구되고 있다. 정치인이나 유명 기업인을 사칭한 딥페이크 영상과 음성이 다수 유통되고 있어 대책 마련이 시급하다.

이미 2019년에 딥페이크 음성을 이용한 전화 사기가 보고된 바 있다. 미국 월스트리트저널 등에 따르면, 영국에 본사를 둔 에너지 회사의 CEO가 피해를 입었다. 모 회사 CEO의 목소리로 22만 유로(당시 환율로 약 2,800만 엔)를 한 시간 안에 송금하라는 지시를 받았는데, 이 지시는 딥페이크였다.

트렌드마이크로는 2022년 12월 발표한 '2023년 보안 위협 예측'에서 딥페이크를 주요 주제로 꼽았다. 2023년에는 딥페이크

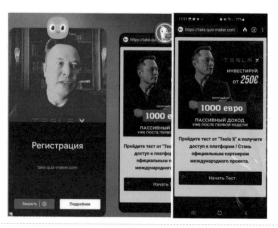

[자료 2-8] 딥페이크를 이용한 일론 머스크에 대한 가짜 광고
(출처: 트렌드 마이크로)

음성뿐만 아니라, 딥페이크 영상을 악용한 사기 위험도 높아질 수 있다. 이미 딥페이크 영상을 만드는 도구는 누구나 쉽게 손에 넣을 수 있다.

예를 들어, 스마트폰 등에서 사용할 수 있는 앱 '아바타리피 (Avatarify)'는 촬영한 동영상에 나오는 사람의 얼굴을 다른 사람의 얼굴로 쉽게 바꿀 수 있다. 이렇게 만든 딥페이크 영상을 이용한 사기 행위가 발생할 위험이 있다.

피해 확대 우려에 대한 대응 기술의 개발과 구현이 진행되고 있다. 일례로 미국 플로리다대 연구진은 딥페이크 음성을 판별하는 방법을 개발했다. 음성은 동영상에 비해 정보량이 적기 때문에 진짜와의 차이점(모순점)을 찾기가 어렵고, 가짜임을 알아채기 어렵다고 알려져 있다.

이번에 발표된 기법은 음성을 바탕으로, 음성이 발화되었을 때

시기	개요
2020년 10월	딥페이크와 관련된 일본 내 첫 체포 사례. 딥페이크를 이용해 성인 비디오를 합성한 혐의로 남성들이 명예훼손과 저작권법 위반 혐의로 체포됐다.
2021년 4월	유럽위원회가 '유럽연합(EU) AI 규칙안'을 공표. AI가 실제 인간이나 물체, 장소 등과 유사하게 작성한 디지털 콘텐츠에 대해서는 'AI가 생성한 콘텐츠'라고 명시하도록 의무화했다.
2022년 3월	우크라이나의 젤렌스키 대통령이 자국민들에게 러시아에 항복할 것을 촉구하는 내용의 딥페이크 영상이 페이스북 등에 게시된다.
2022년 6월	EU가 2018년 책정한 '가짜 정보에 관한 행동 규범(Code of Practice on Disinformation)'을 개정하고, 딥페이크 영상이나 가짜 뉴스에는 광고를 표시하지 않아 가짜 뉴스 발신자가 광고 수익을 얻지 못하도록 요구했다. 구글과 트위터, 메타 등이 서명했다.

[자료 2-9] 딥페이크를 둘러싼 세계 주요 동향
악용 측과 규제 측의 힘겨루기가 계속 되고 있다. (출처: 닛케이 크로스 테크)

의 성대 모양을 추측한다. 그 결과가 인간으로서는 불가능한 형태일 경우 딥페이크 음성이라고 판단한다. 논문은 이를 '공룡 울음소리를 재현하는 기법'의 응용이라고 밝혔다. 공룡 울음소리의 경우 화석 등을 토대로 공룡의 성대(소리 발생기)와 성도(성대에서 입과 코로 이어지는 구멍)의 모양을 추측하고 그 결과를 토대로 재현하고 있다.

먼저, 음성에 포함된 특정 주파수의 진폭에서 화자의 성대 모양(단면적)을 산출하는 수학적 모델을 만든다. 성도를 15개의 반지름이 다른 파이프로 근사화하고, 유체역학 및 과거 연구 등을 바탕으로 성도의 모양과 음성을 관계시키는 모델을 도출했다.

다음으로 인간이 실제로 발성한 음성(Organic Sounds) 샘플을 이용해 인간이 낼 수 있는 성도의 모양 범위를 계산했다. 성도의 각 지점 단면적의 최대값과 최소값을 산출하고, 이를 벗어날 경우 인간이 낼 수 없는 딥페이크 음성이라고 판단한다.

구축한 모델을 평가한 결과, 정확도 99.9%, 재현율 99.5%, 위양성률(False Positive Rate) 2.5%를 달성할 수 있었다. 정확도는 '딥페이크라고 판정한 음성 중 실제 딥페이크였던 비율', 재현율은 '전체 딥페이크 음성 중 딥페이크라고 판단할 수 있었던 비율', 위양성률은 '실제 인간의 음성을 실수로 딥페이크라고 판정한 비율'을 각각 가리킨다. 평가에는 4,966개의 음성 파일을 사용했는데, 그중 2,476개가 딥페이크, 2,490개가 실제 인간의 음성이었다.

또한 연구진은 계산된 성도의 모양이 그럴듯한 딥페이크 음성을 만들 수 있는지 여부를 검토한 결과, 현재로서는 계산에 너무 많은 시간이 소요되어 어렵다고 결론을 내렸다. 그렇다고 안심할 수는 없다. 저명한 보안 연구자인 브루스 슈나이더(Bruce Schneier)는 자신의 블로그에서 "흥미로운 연구지만, 공격자들은 이 방법을 응용해 이 방법으로 탐지할 수 없는 딥페이크 생성 방법을 찾아낼 것"이라며, "그리고 군비 경쟁은 계속될 것이다(And the arms race will continue)"라고 결론지었다.

— 카츠무라 유키히로(닛케이 크로스 테크),
타카시마 잇토(닛케이 크로스 테크·닛케이 네트워크)

009

에지 AI

카메라나 자동차 등 이용자의 수중에
가까운 디바이스에 AI를 탑재

기술 성숙 레벨 | 고   2030 기대지수 | 24.0

네트워크의 말단(edge, 에지) 쪽 단말기나 기기에서 AI 소프트
웨어를 구동하는 시스템을 말한다. 데이터를 서버 등에 보내
지 않고 그 자리에서 처리하기 때문에 실시간성이 높고, 네
트워크가 끊기거나 없어도 이용이 가능하며, 자율적으로 작
동한다.

영상 처리 AI를 활용한 스마트 카메라의 실용화 사례가 많
다. 카메라 외에도 공장 등 제조 장비에 AI 프로세싱을 접목
해 가동 관리나 고장 진단 등을 담당하는 등의 용도가 있다.
드론 등의 자율비행에도 에지 AI가 사용된다.

딜로이트 토마츠 믹(Deloitte Tohmatsu MIC) 경제연구소 조사에 따르
면, 일본의 에지 AI 시장 규모는 2021년도에 76.6억 엔으로 아
직 걸음마 단계이지만, 2022년 이후 본격적으로 성장해 연평균

[자료 2-10] AI 창고 관리의 실증 실험 모습

빨간색 테두리 부분에 카메라를 장착해 창고의 빈 선반을 파악한다(왼쪽). 소니세미컨덕터솔루션즈가 개발한 AI 이미지 처리 기능이 탑재된 이미지 센서 'IMX500'(오른쪽 위)과 이를 탑재한 카메라(오른쪽 아래)를 사용한다. (출처: 소니세미컨덕터솔루션즈, NEC)

41.3%씩 성장하여 2026년까지는 431억 엔 규모에 달할 것으로 예상된다.

에지에서만 처리할 수도 있고, 에지 AI에서 데이터를 다른 곳으로 보낼 수도 있다. 후자의 경우, 에지에서 일단 데이터를 처리해 경량화하면 데이터 전송의 실시간성을 높이고, 네트워크 부하와 중앙 서버의 처리 부하를 줄일 수 있다.

AI의 경우, 에지 단말의 처리 능력이 제한적이기 때문에 비교적 가벼운 학습 모델을 이용한 추론 처리가 주를 이룬다. 그러나 최근에는 반도체 기술의 발전으로 에지 단말기에 탑재를 전제로 하는 고성능 AI 칩 등이 개발되고 있다.

예를 들어, 르네사스일렉트로닉스는 AI 처리용 마이크로프로세서를 개발하고 있다. 르네사스와 국립연구개발법인 신에너

[자료 2-11] 무라타제작소가 개발한 계측기를 판독하는 AI 카메라 유닛

아날로그 계측기(오른쪽)와 7세그먼트 표시기(가운데)의 수치를 읽을 수 있다. AI 카메라 유닛이 분석한 수치와 그 값의 신뢰도를 PC로 전송한다. (출처: 닛케이 크로스 테크)

지·산업기술종합개발기구(NEDO)가 공동 개발한 AI 처리 가속기 'DRP-AI(Dynamically Reconfigurable Processor-AI)'를 집적한다. 집적하는 것으로 전력 효율을 높이고 발열을 방지한다. 또한, 프로세서에 그치지 않고 특정 용도에 맞게 학습된 AI 모델도 함께 제공한다.

활용 사례로는 스마트 카메라가 많은데, 얼굴 인식 기능을 탑재해 도난을 방지하는 방범 카메라, 교통법규 위반을 감지하고 기록하는 드라이브 레코더, 입출고 관리를 할 수 있는 창고용 카메라, 빈자리를 판독하는 카메라 등이 실용화되고 있다.

무라타제작소는 오래된 계측기를 계속 활용하고 데이터를 자동으로 판독하는 에지 AI가 내장된 카메라 유닛을 개발하고 있다. 아날로그 계량기나 7세그먼트 표시기의 이미지를 카메라로 촬영하고, 유닛 내에서 분석하여 수치를 인식해 PC에 무선으로 전송한다.

기존에는 아날로그 계량기 등을 갖춘 설비에서 데이터를 수집하려고 하면 아날로그 계량기에서 디지털 계량기로 교체, 개조 등이 필요한 경우가 많았다. 그러나 지금은 아날로그 계량기의 수치를 읽을 수 있도록 하기 위해, 사용 중인 계량기의 이미지를 몇 장 정도 AI에 불러와서 단위와 최대값 등을 설정해 둔다. 카메라 유닛은 배터리로 구동되기 때문에 번거로운 배선 작업을 하지 않아도 된다.

에지에서 처리하기 때문에 데이터 기밀성 유지가 용이하고, 비용도 절감할 수 있다. AI를 활용한 아날로그 계량기 판독 시스템은 지금까지도 있었지만, 이미지 데이터를 클라우드에 업로드하여 분석하는 경우가 많아 클라우드 이용료 등이 발생했었다.

— 나가바 케이코(닛케이 크로스 테크·닛케이 제조)

010

축산 AI

발정 징후 감지, 체중 추정 등에 AI를 활용

:
:
:
:
:

기술 성숙 레벨 | **고**　2030 기대지수 | **7.2**

소, 돼지, 닭 등 가축의 컨디션 관리와 출하 작업을 AI로 지원한다. 사육 데이터에서 발정 징후를 감지하거나 이미지로 체중을 추정하는 등 육체노동이 많은 농가의 부담을 줄여준다.

팜노트가 제공하는 '팜노트 컬러(Farmnote color)'는 소의 목에 부착하는 모션 센서가 내장된 목걸이와 활동량을 분석하는 소프트웨어로 구성돼 있다. 목걸이로 수집한 행동 데이터를 AI가 분석해 발정 징후나 질병 등 이상 징후를 농가에 알려준다.

소의 발정 주기는 약 20일로, 번식 기회를 놓치면 3주 정도 기다려야 한다. 생물이기 때문에 주기가 어긋날 수도 있다. 데이터와 AI를 활용해 소의 건강 상태를 파악해 세밀한 관리가 가능하다.

콘텍(Corntec)은 스마트폰으로 돼지의 등 쪽에서 촬영한 사진을 바탕으로 AI가 체중을 추정하는 앱 'PIGI'를 제공하고 있다. 체중

[자료 2-12] 에코포크가 개발한 돼지 발정 판정 시스템 이미지
자유롭게 돌아다니는 돼지의 엉덩이 이미지를 바탕으로 AI가 한 마리씩 발정 여부를 추정한다. (출처: 에코포크)

을 매일 관리해 출하량 추이를 확인하거나 AI가 출하일을 예측하는 기능도 갖췄다.

돼지고기는 출하 시 체중과 육질에 따라 등급이 나뉘는데, 체중이 부족한 경우뿐만 아니라 초과할 경우에도 '등급 하락'이 되어 가격이 떨어진다. 세심한 관리가 바람직하지만, 100kg이 넘는 돼지의 체중 측정은 부담이 컸다. 사료를 과도하게 주지 않고 적절한 시기에 출하할 수 있다면 비용 절감으로도 이어진다.

유럽연합(EU)에서 전 세계로 확산되고 있는 '애니멀 웰페어(동물복지)' 물결에도 AI가 활약한다. 에코포크는 한 마리씩 둘러싸는 스톨(울타리)에 넣지 않는 '프리 스톨' 돼지의 영상을 촬영하고, 영상에서 잘라낸 여러 장의 정지 영상으로 돼지가 발정기를 맞았는지 여부를 AI가 추정하는 시스템을 개발 중이다. 돼지의 편안함을 중시해 울타리나 케이지를 없앨 때 관리 부담이 커지는 것에 대처한다.

　신흥국 등을 중심으로 단백질 공급원으로 수요가 늘고 있는 닭고기도 대량 생산을 위해 열악한 환경에서 닭을 사육하는 농가가 적지 않아, 닭의 평사 사육(방목 사육)을 이미지 인식 AI로 지원하는 연구도 진행되고 있다.

　　　　　　　　　　　　－ 타카시마 잇토(닛케이 크로스 테크, 닛케이 네트워크),
　　　　　　　　　　　　　　　마스다 케이스케(닛케이 크로스 테크)

011

AI 우울증 진단 지원

기능적 MRI로 평가된 뇌 활동 지표를
AI로 분석하여 우울증 진단 지원

> **기술 성숙 레벨 | 고   2030 기대지수 | 17.6**

뇌의 한 영역과 다른 영역의 기능적 연결(상관관계)과 그 강도를 MRI(자기공명영상장치)로 측정하고, 그 결과를 AI로 분석하여 우울증 진단에 활용하는 연구가 진행된다. 뇌를 일정 시간 동안 연속적으로 촬영해 뇌 활동의 변동을 측정할 수 있는 기능적 MRI(fMRI)를 사용한다.

우울증 환자와 비환자에게서 수집한 데이터를 학습시킨 AI에 우울증 여부를 판별하게 한 결과, 효과가 있음을 확인했다. 데이터 진단을 지원하는 알고리즘을 프로그램 의료기기로 2023년 3월 30일 승인 신청했다. 기존에는 환자의 자각 증상을 문진했지만, 이것만으로는 정확한 우울증 진단이 어렵다고 알려져 있었다.

개발한 분석 알고리즘을 사용해 면접에서 우울증 진단 기준을 충

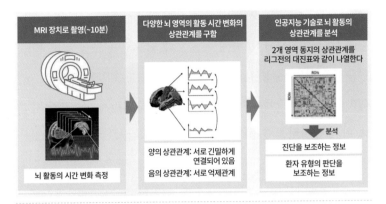

[자료 2-13] 뇌 회로 바이오마커 개요
(출처: ATR, X Nef)

족한 환자 47명과 비환자 39명을 대상으로 유효성을 확인한 결과, 민감도 72.1%, 특이도 66.7%, 정확도 69.7%라는 결과를 얻을 수 있었다.

이 연구를 진행한 히로시마대학 정신신경과 오카모토 야스마사 교수, 오카다 츠요시 부교수, 국제전기통신기초기술연구소(ATR) 뇌정보통신종합연구소의 가와토 미츠오 소장, 뉴로피드백(Neuro feedback) 기술 등을 활용한 진단·치료기기 개발을 진행하는 XNef 의 유키 사카이 부사장 등의 그룹이 2023년 2월, 높은 진단 보조 능과 범용성을 확인했다고 발표했다. 또한 히로시마대학을 중심으로 한 다기관 공동 특정 임상연구에서도 이 분석 알고리즘의 유효성을 검토하고 있다.

연구진은 2008년부터 시작된 문부과학성의 뇌과학 연구전략 추진 프로그램에서 fMRI를 이용한 뇌 회로 마커 개발을 진행해왔다. 뇌 회로 마커는 뇌 영역 간의 연결 강도를 밝히는 지표다.

뇌 회로 마커를 측정할 때 특정 과제나 문제를 부과할 필요가 없으며, 피험자는 fMRI 안에 들어가서 원하는 생각을 하면 된다. 연구진은 MRI 측정 결과를 비교 가능하도록 고안한 후 히로시마 대학 등 4개 기관에서 우울증 환자 149명, 비환자 564명의 뇌 회로 마커 데이터를 수집하여 AI에 학습시켰다.

– 카토 유지(닛케이 메디컬)

012

적응 학습 (어댑티브 러닝)

학생의 학습 이력 등을 활용해 AI가 숙련도에 따라
문제나 교수법을 변경

기술 성숙 레벨 | 고   2030 기대지수 | 21.5

아동·학생이 디지털 교재를 활용해 학습한 이력 데이터 등을
활용, 개개인의 숙련도에 따라 제시하는 연습 문제의 내용을
달리하는 등 학습의 질을 높이는 방법을 지원하는 툴이 속속
등장하고 있다.

AI를 활용하여 적응 학습(어댑티브 러닝, adaptive learning)을 지원하는 서
비스나 툴이 등장하고 있다. 학생이 입력한 답의 정답과 오답을
AI가 분석하여, 정답을 맞히지 못한 문제나 유사 문제를 반복해
서 표시한다. 일본에서는 스타트업 컴퍼스가 개발한 디지털 교재
'큐비나(Qubena)', 토쿠판인쇄가 제공하는 '나비마(navima)', 스라라넷
의 '스라라 드릴(SuRaLa Drills)' 등이 있다. 큐비나는 2022년 12월 기
준으로 170개 이상의 지자체가 도입했으며, 학교 수로 보면 공
립·사립 초·중학교 총 2,300개 이상의 학교가 도입했다고 한다.

이러한 서비스나 툴은 학생들이 왜 문제를 틀렸는지 원인을 분석하는 기능을 갖추고 있어, 교사가 이해도를 바탕으로 숙제를 만들 때 유용한 도구로 활용될 것으로 보인다. 경제산업성이 운영하는 웹사이트 '미래 교실'에서 적응 학습을 도입한 학교의 사례와 교사, 학생·학부모의 목소리를 소개하고 있다.

문부과학성은 2018년 6월 발표한 'Society 5.0을 향한 인재 육성: 사회가 바뀌고, 배움이 바뀐다'에서 '당장 착수해야 할 과제'로 적응 학습 추진을 꼽은 바 있다. 문부과학성이 2019년도에 내놓은 GIGA 스쿨 구상에 따라, 학생 1인당 학습용 단말기 1대와 학습용 계정이 마련돼 학생들 스스로 자신의 페이스에 맞춰 학습을 진행할 수 있게 됐다.

다만, 초등·중학교에서 적응 학습을 실천할 때는 학생 데이터 관리에 주의가 필요하다. 학생의 학습 데이터를 데이터베이스에 축적하고 분석하기 위해 서비스 제공자와 지자체·학교는 개인정보 보호 정책과 보안 정책을 제정하고, 문부과학성의 '교육 정보 보안 정책에 관한 가이드라인'을 준수해야 한다.

— 타카시마 잇토(닛케이 크로스 테크·닛케이 네트워크)

013

보행 분석 소프트웨어

동영상 촬영만으로 고령자 등의
걸음걸이를 분석 가능

:
:
:
:
:
:
:

기술 성숙 레벨 | **고**   2030 기대지수 | **7.6**

태블릿이나 스마트폰으로 보행 동영상을 촬영하기만 하면 AI
가 골격의 움직임을 파악해 보행 속도와 리듬, 보행 시 흔들림
과 좌우 차이 등 4개 항목의 점수를 매겨 개선점을 제시한다.

도쿄도 아라카와구립 아라카와 동부의 '재택 노인 통원 서비스
센터'는 매월 체력 측정 주간을 정해 통원 요양 서비스 이용자 전
원의 체력을 측정하고 있다. 악력, 전굴(몸을 앞으로 숙이는 자세—옮긴이)
능력 측정을 거쳐 보행 속도 측정으로 넘어가면 직원이 이용자의
정면에서 태블릿으로 보행 동영상을 촬영한다.

엑사홈케어의 보행 분석 서비스인 케어위즈 토루토(Care Wiz
toruto)에 동영상을 업로드하면, 권장 운동 방법을 포함한 분석 결
과를 담은 커뮤니케이션 시트가 2분 내외로 작성된다. 대상자가
지팡이나 보행기를 이용하거나, 옆에서 지켜보거나 보조하는 다

[자료 2-14] 보행 상태를 계측하고 기록
아라카와 동부 재가노인 통원 서비스 센터의 모습.(출처: 닛케이 헬스케어)

른 사람이 함께 있어도 분석이 가능하다. 시트는 가족이나 요양 보호사 등 관계자와 공유한다. "요양보호사가 집으로 방문했을 때, 보살핌이 필요한 분들은 대부분 앉아 있는 상태로 있는 경우가 많다. 걷는 모습을 세밀하게 확인할 기회가 의외로 적었다"고 사업소 책임자 이사와 미히로 씨는 말한다.

케어위즈 토루토는 AI 서비스 개발사 엑사위저즈(ExaWizards)가 개발했다. 이 회사와 복지용품 렌탈·판매 대기업인 야마시타가 공동 출자해 2021년 5월, '엑사홈케어'를 설립했다. 출시 1년여 만인 지난 2022년 8월 현재, 토루토를 도입한 사업장은 약 400곳에 달한다.

복지 용품 사업장에서는 토루토를 사용해 보행기나 지팡이를 사용할 때와 사용하지 않을 때의 보행 기능을 비교하고 있다. '지팡이는 늙어 보여서 싫다'는 노인들을 설득하는 데도 도움이 된다고 한다. 또한 도구 사용부터 일정 기간 경과 후 모니터링에도 활용되고 있다.

한 요양원에서 토루토를 도입해 입소자의 보행을 매월 촬영하고, 운동 내용 검토와 함께 요양보호사의 동작 보조 동영상에 물리치료사가 조언을 남겨준 후, 입소자 70%의 보행 상태가 개선된 사례도 있다.

가나가와현 후지사와시는 보살핌이 필요한 사람의 보행 동영상을 여러 사업자가 공유하는 효과를 2022년에 검증했다. 통원 서비스 등 15개 참여 사업장의 73%에서 서비스 이용자의 운동 의욕이 향상되었고, 디지털 활용을 통한 직원 간 협업으로 월 500분의 업무 단축을 실현한 사업장도 있었다.

— 이시가키 코이치(닛케이 헬스케어)

014

머티리얼스 인포매틱스(MI)

AI 등을 활용한 소재 개발 지원

:
:
:
:
:

기술 성숙 레벨 | 고   2030 기대지수 | 24.9

소재 개발에 데이터 사이언스를 적용하는 개발 기법이다. 개별 소재의 특성 시뮬레이션 값과 방대한 실험 결과 데이터를 머신러닝 등 AI로 분석해 원하는 소재의 구성과 제조 방법을 예측한다. 실험과 시뮬레이션을 반복해 경험적으로 정답을 찾아내는 기존 방식과 차별화된다.

머티리얼스 인포매틱스(Materials Informatics, MI)는 리튬이온 이차전지 소재, 타이어의 합성고무, 합금, 유전체 재료, 자성 재료 등 모든 재료 개발에서 이미 성과를 거두고 있다. 재료를 구성하는 분자 구조나 조성 등 파라미터가 많고, 너무 복잡해 이론 구축이 늦어지는 분야에서 특히 효과를 발휘하기 쉽다. 기존에는 실험을 반복할 수밖에 없었던 아이디어 검증 작업을 대폭 가속화할 수 있다. 조합이 너무 많아 찾지 못했던 의외의 조합을 찾아내는 효

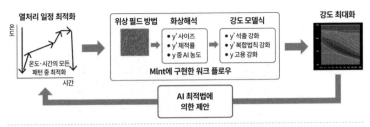

[자료 2-15] MInt에 구현한 시효처리 프로세스를 검토하는 역문제 분석
(출처: NIMS)

과도 있어, 소재 개발을 가속화 할 수 있다.

신소재·신재료 개발의 마중물이 될 뿐만 아니라, 로봇을 통한 자동 실험 등과 결합하면 연구 개발의 자동화로도 이어진다. 디지털 트랜스포메이션(DX)의 핵심으로 일본 국내외 소재 업체를 중심으로 제조업에서 빠르게 도입이 진행되고 있다.

일본 물질·재료연구소(NIMS)가 중심이 되어 2018년부터 범국가적으로 개발하고 있는 금속재료의 머티리얼스·인포매틱스·시스템인 '민트(Materials Integration by Network Technology, MInt)'가 대표적이다.

원하는 성능을 얻기 위한 생성 조건이나 조성 등의 프로세스를 검토하는 '역문제 해석', 재료 조성으로부터 강도나 밀도 등의 물성을 예측하는 '순문제 해석', 두 가지 해석에 모두 대응할 수 있다.

데이터베이스에 담은 구조 재료 데이터에 대해 여러 알고리즘을 조합한 분석 플로우를 자유롭게 구성할 수 있다. 재료 내부의 조직 형성을 계산하는 위상 필드법, 재료 강도 예측 모델 등 다양한 알고리즘을 갖추고 있다.

예를 들어, AI는 방대한 가열 온도와 시간 조합에서 니켈(Ni) 기

[자료 2-16] 'MInt' 시스템을 탑재한 컴퓨터
NIMS의 개발 거점(이바라키현 쓰쿠바시)에 설치된 컴퓨터를 MInt에 사용하고 있다.(출처: 닛케이 제조)

반 초합금의 강도를 가장 높이는 가열 패턴인 '고온에서 빠르게 구운 후 저온에서 천천히 굽는 방법'을 찾아냈다. 이는 최적의 시효처리 공정을 검토한 역문제 분석의 한 예이다. AI의 도입으로 가열 온도를 시간에 따라 변화시키는 새로운 공정을 구상할 수 있게 되었다. 기존에는 실험과 검증 시간의 한계로 단일 온도에서 처리하는 가열 패턴만 시도할 수 있었다.

개별 요소 하나하나를 예측하는 '모듈'은 총 361개가 이미 준비되어 있지만, 아직 부족하다. 모듈 개발을 계속해 나가기 위해서는 대학과 공공 연구기관의 적극적인 참여를 통한 데이터와 성과, 풍부한 노하우 제공이 관건이다.

이에 NIMS는 MInt를 운영하는 조직인 '머티리얼스 인터그레이션 컨소시엄(Materials Integration Consortium)'을 발족했다. 대학과 공공 연구기관이 기업의 소재 과제에 대해 산관학 협력 연구 프로젝트를 구성해, MInt 시스템을 활용한 소재 개발을 진행한다. 그 결과 얻어진 신소재는 기업이 제품으로 개발하는 등 실용화를 추진하고, 모듈이나 워크플로우 등 개발 도구로 공유 가능한 성과는 MInt 시스템에 환원한다. 모듈과 워크플로우가 늘어나면 MInt 시스템을 활용한 소재 개발이 더욱 가속화될 것이다.

― 이시바시 타쿠마(닛케이 크로스 테크·닛케이 제조)

3장

건축·토목

이산화탄소 흡착 및
태양광 이용 등 친환경

015

그린 콘크리트

이산화탄소를 흡수 또는 고정할 수 있음

:
:
:
:
:

기술 성숙 레벨 | 고   2030 기대지수 | 40.8

제조 시 이산화탄소(CO_2)를 흡수, 고정할 수 있는 콘크리트를 말한다. 저탄소·탈탄소 콘크리트라고도 한다. 개발 방법으로는 시멘트를 고로슬래그(blast furnace slag, 철 이외의 성분에 석회석이나 코크스 회분이 섞인 것) 등으로 대체하는 방법, 골재나 분말에 이산화탄소를 고정해 혼입하는 방법, 그리고 콘크리트에 이산화탄소를 흡수하게 하는 방법 등이 있다. 기존에는 제조 과정에서 다량의 이산화탄소를 배출하는 시멘트가 콘크리트의 주요 재료였다. 탄소 중립이 확산되면서 저탄소·탈탄소 콘크리트의 실용화를 위해 움직이는 대형 건설사들이 속속 등장하면서 개발 경쟁이 치열해지고 있다.

가시마건설은 2023년 4월, 기술연구소 내에 자사가 개발한 콘크리트 기술을 소개하는 전시시설인 '가시마 콘크리트 베이스

[자료 3-1] 도입이 진행되는 CO₂-SUICOM

가시마 콘크리트 베이스 입구 포장에 약 $10m^3$의 CO2-SUICOM을 사용했다. 요코하마 시립 모토마치초등학교에 도입한 태양광 발전 설비의 기초 블록에도 사용하고 있다. (출처: 닛케이 아키텍처)

(KAJIMA CONCRETE BASE)'를 개설했다. 친환경적인 8가지 기술을 사진과 동영상 등으로 설명한다. 특설 사이트도 마련해 언제든 온라인으로 전시를 볼 수 있도록 했다. 사카다 노부유키 전무는 "이산화탄소 배출량 감축은 세계적인 흐름이다. 제철 콘크리트 기술을 많은 사람이 알았으면 좋겠다"고 기대감을 나타냈다.

가시마건설 등이 개발한 'CO₂-SUICOM(스위콤)'은 탈탄소 콘크리트의 대표격이라 할 수 있다. 시멘트의 절반 이상을 고로슬래그 등으로 대체하고, 소석회를 원료로 한 특수 혼화재 'γ-C₂S'로 이산화탄소를 흡수하게 한다. γ-C₂S는 물이 아닌 이산화탄소와 반응하여 경화한다. 재료를 반죽한 후 고농도 이산화탄소 환경에서 양생해 만든다. 배기가스 중의 이산화탄소를 고정한 탄산칼슘

(CaCO₃)의 미분말 '에코탄칼'을 혼입하면, 더 많은 이산화탄소 저감 효과를 얻을 수 있다.

콘크리트의 알칼리성을 잃기 때문에 무근 프리캐스트 부재나 포장 브로츠크 등에 적용을 추진해 왔으며, 가시마 콘크리트 베이스의 외곽 포장에서는 콘크리트 1m³당 123kg의 이산화탄소를 흡수하여 카본 네거티브(온실가스 순배출량을 0 이하로 만들겠다는 개념으로, 탄소 중립보다 적극적인 환경 전략—옮긴이)를 달성했다.

타이세이건설은 2021년 2월, 시멘트의 일부를 고로슬래그 등으로 대체한 후 이산화탄소를 흡수·고정시킨 탄산칼슘 분말을 혼합하는 콘크리트 '카본 리사이클 콘크리트(T−eConcrete/Carbon−Recycle)'를 을 발표했다. 1m³당 45~116kg의 이산화탄소를 절감할 수 있으며, 포장 등에 적용 실적이 있다.

타이세이건설은 공급망 정비를 추진하고 있다. 기술 센터의 오와키 에이지 명예 연구원은 "대량 생산 및 공급을 하지 못하면 시장에서 경쟁할 수 없다"고 강조한다. 관건은 탄소 재활용 소재인 탄산칼슘의 안정적 확보다.

2022년 4월, 자동차 부품 대기업 아이신(Aisin)과 공동 개발 계약을 체결했다. 아이신은 아미노산을 이용해 배기가스에 포함된 이산화탄소를 탄산칼슘으로 고정하는 기술을 보유하고 있다. 4개월 후 이토추상사, 탄산칼슘 제조 기술을 보유한 호주 스타트업 MCi의 두 회사와 협업에 관한 양해각서를 체결했다.

오바야시구미는 자체 개발한 저탄소 콘크리트인 '클린 크리트'에 탄산칼슘 분말을 혼합한 탈탄소 콘크리트 '클린 크리트 N'을

[자료 3-2] 방음벽에 신소재 적용
2023년 3월, 가나가와현 내에서 시공한 방음벽에 약 14m³의 '클린 크리트 N'을 적용. 클린 크리트 N은 CO₂ 배출량을 마이너스로 할 수 있다. (출처: 오바야시구미)

2022년 4월에 발표했다. 이후 2023년 3월, 가나가와현 내에서 시공한 공장의 방음벽에 현장 타설로 최초 적용했다.

오바야시구미는 저탄소 콘크리트 사용 실적에서 업계 1위를 자랑한다. 2023년 3월에 개장한 새로운 돔구장 '에스콘 필드 홋카이도(Es Con Field Hokkaido)'에서는 개폐식 지붕의 하중을 받는 거더 프레임(girder frame)에 저탄소 콘크리트 클린크리트를 9만m³ 사용했다.

다케나카건설이 2014년 가시마, 닛테츠고로 시멘트 등과 공동으로 개발한 저탄소형 'ECM(에너지·CO₂·미니멈) 콘크리트'도 실적을 쌓고 있다. ECM 콘크리트는 시멘트의 60~70%를 고로슬래그 분말로 대체해 이산화탄소 배출량을 줄인다. 다케나카건설에 따르면, 2022년 ECM 콘크리트 사용량은 2020년의 약 4배에 달한다. 건설 기반 기술 연구부의 츠지 다이지로 건설 재료 그룹장은 "전 세계적인 환경 의식의 고조가 순풍이 되어, ECM 콘크리트를 선택지에 추가하는 설계자도 늘고 있다"고 말했다.

대기업 뿐만 아니라 다양한 기업들의 노력 역시 진행되고 있다. 도큐건설은 2023년 1월 준공한 13층짜리 빌딩 '큐라긴자(Cura Ginza)'에 저탄소 콘크리트 '셀빅(CELBIC)'을 처음 적용했다. 13개 건설사가 참여하는 셀빅연구회가 공동으로 개발한 기술이다. 연구회 간사는 하세가야건설이 맡고 있으며, 도큐건설 외에 구마가야건설, 고요건설, 안도하자마, 오쿠무라구미 등이 회원으로 참여하고 있다.

– 나카히가시 다케후미, 호시노 타쿠미

(닛케이 크로스 테크·닛케이 아키텍처)

016

생물 발광(식물에 적용)

발광하는 식물로 밤의 도시 지역을 밝게 비춤

기술 성숙 레벨 | **저**   2030 기대지수 | **15.5**

가로수나 관엽식물이 빛을 발산해 밤거리를 밝게 비추도록
한다. 반딧불이, 해파리, 물고기의 생물 발광(바이오루미네센스)
을 유발하는 유전자를 식물에 도입한다. 프랑스 북동부 알자
스 지방 스트라스부르시의 스타트업 우드라이트(woodlight)는
생체 발광 유전자를 식물에 도입하는 생체 실험을 마치고,
2024년 시제품 완성을 목표로 연구개발을 진행하고 있다.

"전기를 절약할 수 있고, 식물의 광합성 덕분에 도시 공해를 줄일
수 있다. 식물이기 때문에 100% 재활용이 가능하다. 앞으로의
도시 환경을 위해 노력할 가치가 있는 신기술이라고 생각한다."

우드라이트의 창업자 중 한 명인 스트라스부르대학의 식물학자
로즈마리 오클레르(Rose-Marie Auclair)는 이렇게 말한다. 우드라이트
는 그와 길랭 오클레르(Ghislain Auclair)가 설립했다. 창업한 2018년

에는 생체 발광 유전자를 식물에 도입하는 시험관 실험을, 2021년에는 생체실험을 각각 마쳤다. 2022년 11월 시제품 제작에 필요한 자금을 마련하기 위해 1인당 10유로부터 크라우드 펀딩을 진행, 2개월 뒤인 2023년 1월에 목표액 10만 유로를 모았다. 발광하는 식물을 이용해 불을 밝히는 프로젝트를 많은 시민이 원하고 있음을 알 수 있다.

식물을 발광시키는 아이디어는 2016년 두 사람이 뉴욕으로 여행을 갔을 때 영감을 얻었다. 가로등과 전봇대 기둥을 발광하는 나무들로 교체하면 거리가 녹색으로 뒤덮이고, 보행자들은 쾌적한 그늘을 걸을 수 있다. 도시의 공기는 깨끗해지고, 열섬 현상은 완화될 것이다.

2022년 11월, 한 라디오 방송과의 인터뷰에서 로즈마리는 "1단계 용도로 빛나는 표식을 생각하고 있다"고 말했다. 자전거 도로나 차도의 흰색 선, 많은 조명이 필요하지 않은 곳의 조명 등이 그것이다. "도시 조명에 대한 사람들의 생각을 바꿀 수 있는 기회이기도 하다." 조명을 대체하는 용도를 목표로 하지 않는 것은 생물 발광에서 나오는 빛은 은은한 빛이기 때문이다. 어둠 속에서 책을 읽을 수 있을 만큼의 광량은 아니다.

도시의 조명이 '빛공해'라는 말이 나온 지 오래다. 일본 환경성 사이트는 빛공해를 '조명의 설치 방법이나 배광이 부적절하고, 경관이나 주변 환경에 대한 배려가 부족해 발생하는 다양한 영향'이라고 정의하고 있다. 부정적인 영향으로는 에너지 낭비, 거주자의 숙면 방해와 프라이버시 침해, 동식물의 서식처가 없어지

는 것 등을 꼽을 수 있다. 너무 눈부신 간판이 있으면 운전자는
보행자가 잘 보이지 않는다.

— 키무라 토모시(닛케이BP 종합연구소 클린테크 랩),
케이코 스미노 르블랑(TNC 라이프 스타일 리서처)

017

목조 내화 구조

목조 건축물이 불에 타도 일정 시간 버틸 수 있도록 함

기술 성숙 레벨 | **고**   2030 기대지수 | **10.2**

화재로 목조 건축물이 불에 타도 일정 시간 동안 건물이 무너지지 않고 버틸 수 있는 성능을 확보하는 기술이다. 건축물의 높이에 따라 1시간, 2시간, 3시간의 내화 성능을 건축법에서 요구하고 있다. 이러한 성능을 확보하기 위해 대형 건설사를 중심으로 기술 개발이 활발히 이루어지고 있다.

건축법에서는 그동안 최상층부터 계산해 4층 이하는 1시간, 5~14층은 2시간, 15층 이상은 3시간의 내화 성능을 요구했다. 고층일수록 장시간의 화재를 견뎌야 한다.

일본 국토교통성은 중·고층 건물에 목구조를 쉽게 채택할 수 있도록 법제도 개편을 추진하고 있다. 그 일환으로 건축법 시행령을 개정해 60분 단위였던 내화 성능을 30분 단위로 변경하여 2023년 4월에 시행했다.

- 최상층에서 층수 5 이상 9 이하의 건축물 부분에 대해 90분 내화 성능으로 설계 가능하도록 한다.
- 최상층에서 층수 15 이상 19 이하의 건축물 부분에 대해 150분 내화성능으로 설계 가능하도록 함.

개정 전		개정 후	
60분	최상층에서 센 층수	60분	최상층에서 센 층수
60분		60분	
60분		60분	
60분	4 이하	60분	4 이하
120분		90분	
120분		90분	
120분		90분	5 이상 9 이하
120분		90분	
120분	5 이상 14 이하	90분	
120분		120분	
120분		120분	10 이상 14 이하
120분		120분	
120분		120분	
120분		120분	
180분		150분	
180분		150분	
180분		150분	15 이상 19 이하
180분	15 이상	150분	
180분		150분	
180분		180분	
180분		180분	20 이상
180분		180분	

[자료 3-3] 건축기준법이 정하는 내화성능의 변경

국토교통성은 건축기준법 시행령을 개정해, 60분 단위였던 내화성능을 30분 단위로 변경했다.
(출처: 닛케이 크로스 테크)

    최상층부터 계산해 5~9층은 90분, 15~19층은 150분의 내화 성능으로 설계할 수 있도록 했다. 대형 건설사와 대형 주택업체를 중심으로, 독자적인 기술로 장관 인증을 받으려는 움직임이 가속화될 것으로 보인다.

    목조 내화 구조를 구현하는 대표적인 방법으로 '피복형'이 있다. 목조 구조 지지 부재가 되는 목재를 석고보드 등 내화 피복재로

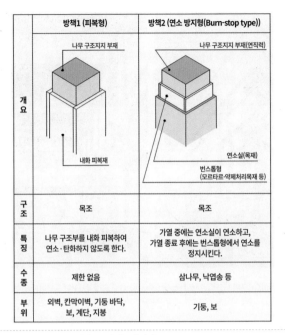

	방책1 (피복형)	방책2 (연소 방지형(Burn-stop type))
개요	나무 구조지지 부재 내화 피복재	나무 구조지지 부재(연직력) 연소실(목재) 번스톱형 (모르타르·약제처리목재 등)
구조	목조	목조
특징	나무 구조부를 내화 피복하여 연소·탄화하지 않도록 한다.	가열 중에는 연소실이 연소하고, 가열 종료 후에는 번스톱형에서 연소를 정지시킨다.
수종	제한 없음	삼나무, 낙엽송 등
부위	외벽, 칸막이벽, 기둥 바닥, 보, 계단, 지붕	기둥, 보

[자료 3-4] 순목조에 의한 목조 내화구조의 대표적 방법
(출처: 야스이 노보루)

덮어 불이 붙지 않도록 한다. 내화 피복재를 두껍게 하면 내부 목재의 온도 상승을 억제할 수 있어, 장시간 내화 성능을 확보할 수 있다. 단, 내화 피복재로 덮으면 나무의 외관이 보이지 않게 된다.

그래서 나무의 외관을 살릴 수 있는 방법으로 개발된 것이 '연소 방지형(Burn-stop type)'이다. 목구조 지지 부재가 되는 목재 주변에 석고보드 등으로 난연층을 만들고, 그 주변에 추가로 난연 마감 목재를 조합한다.

표면 목재에 불이 붙어도 난연층이 화재의 진행을 막는다. 난연층 안쪽의 목재는 타지 않기 때문에 필요한 내력을 확보할 수 있

[자료 3-5] 오바야시구미가 건설한 '포트 플러스(port plus) 오바야시구미 요코하마 연수원'
지하 1층 지상 11층 건물, 최고 높이 약 44m, 지상 부분의 구조는 '순목조'. (출처: 요시다 마코토)

다. 다만, 피복형에 비해 비용이 비싸고 부재의 단면 치수가 커지는 경향이 있다.

오바야시구미는 2022년 4월 '포트 플러스(port plus) 오바야시구미 요코하마 연수원'의 공개를 시작했다. 지하 1층, 지상 11층, 최고 높이 약 44m, 지상 부분의 구조는 '순목조'다. 일본 내 순수 목조 건물로는 센다이시에 있는 지상 7층 건물을 제치고 가장 높은 건물이 됐다.

기둥과 보에는 오바야시구미가 국토교통장관 인증을 받은 내화 목구조 기술 '오메가우드(내화)'를 사용했다. 하중을 지탱하는 목재 주변에 강화 석고보드를 이용한 방화층, 그 외곽을 목제 연통층으로 마감했다. 또한, 건물 일부에는 3시간 내화 성능을 확보한 기술을 적용했다.

또한, 다케나카건설은 내화 집성 목재 '모엔우드(moenwood)'로 3시간 내화 성능의 장관 인증을 2022년 11월에 획득했다.

시미즈건설, 가시마, 다이세이건설 등은 2시간 내화 성능의 장관 인증을 취득했다. 대형 주택업체로는 스미토모임업이 '목구루미 CT' 시리즈로 3시간 내화 성능 장관 인증을 취득했다.

– 쿠와바라 유타카(닛케이 크로스 테크·닛케이 아키텍처)

018

태양광 발전 포장

사람이나 차량이 지나가도 파손되지 않는 태양광
패널을 도로에 설치

.
.
.
.
.

기술 성숙 레벨 | 중   2030 기대지수 | 37.4

태양광 패널을 노면에 접착하거나 포장에 매립하여 '발전하
는 도로'를 실현한다. 대형 도로 포장 업체들은 민간 기업의
주차장 등 사유지 도입을 시작하고 있다. 사람과 차량이 여
러 번 지나가도 파손되지 않는 내구성을 가진 태양광 패널을
구현하기 위해 대형차 주행에 대응할 수 있는 내구성 검증도
진행하고 있다.

태양광 패널의 새로운 설치 장소로 광대한 발전 면적을 기대할
수 있는 '도로'가 주목받고 있다. 현행 도로법에서는 태양광 패널
등 발전 장치를 공공도로 노면에 설치할 수 없지만, 국토교통성
은 2023년 3월 법제도 개정을 염두에 두고 태양광 발전 포장 설
치를 위한 기술 공모를 시작했다.

국토교통성에 따르면, 전국의 국도와 고속도로에서 조명 등 도

[자료 3-6] 태양광 패널을 부설한 노면
나카니시금속공업(오사카시) 주차장에 2020년 10월 설치. (출처: David Michaud-Gokan KK)

로 관리에 필요한 전력은 연간 약 3,060GWh(기가와트시, 2013년도 기준)에 달한다. 그러나 도로변에 설치된 재생에너지 발전 시설에 의한 연간 발전량은 그 1%에도 미치지 못한다. 전체 길이가 약 128만km에 달하는 공공도로에 태양광 패널을 설치할 수 있게 되면, 새로운 대규모 발전 시설이 탄생해 도로 관리의 소비전력을 충당할 수 있을 것으로 보인다.

도로 포장 업체인 도아도로공업은 도로 건설 업체인 프랑스의 코러스와 손을 잡고 노면에 부착한 태양광 패널 위를 대형 차량으로 주행하는 실증 실험을 진행하고 있다.

"자동차만 다니는 도로는 아깝다. 설치 장벽이 낮은 곳에서 태양광 패널 도입 실적을 쌓고 있다. 도로법이 개정되는 대로 차도에도 적용할 수 있도록 준비해 놓겠다." 도아도로공업의 마쓰무라 다카시 전무는 이렇게 각오를 다진다.

도아도로공업과 코러스의 일본 법인 코러스재팬은 태양광으로 발전하는 포장 시스템 '와트웨이 팩(Wattway Pack)'을 2022년 6월부터 공동 판매하고 있다. 이 제품을 구성하는 태양광 패널은 결정질 실리콘형 태양전지와 이를 덮는 투명한 특수수지로 구성된다. 포장을 벗기지 않고 노면 위에 접착제로 붙이며, 노면과의 단차가 크지 않도록 두께는 6mm로 얇다.

코러스재팬의 나가누마 카오루 대표는 "고온다습한 일본에서는 프랑스에서 사용하는 접착제로는 노면에 잘 붙지 않아 일본산 접착제를 사용한다"고 말했다. 또한 접착부의 경년 변화에 대해 앞으로도 계속 검증해 나갈 것이라고 한다.

도아도로공업은 보도와 공원에 태양광 패널을 먼저 도입하고 있다. 한편, 코러스는 과거 일본에서 태양광 발전 포장을 도입한 경험이 있으며, 현재 도아도로공업과 협력하여 더 많은 시장 확대를 노리고 있다.

노면에 접착하는 것만이 태양광 패널의 설치 방법은 아니다. 일본도로는 건축자재와 태양전지 등을 제조·판매하는 에프웨이브(F-WAVE)와 공동으로 포장에 매립하는 타입의 태양광 패널을 개발하고 있다. 필름형 태양전지를 경질 플라스틱으로 끼우는 구조로 두께는 20mm이며, 우선 도로 갓길이나 주차장 통로에 설치하는 것을 상정하고 2023년 말 판매를 목표로 하고 있다.

발전 능력과 내구성을 확인하기 위해 2022년 8월 일본도로의 도쿄기계센터(이바라키현 쓰쿠바시) 부지에 대형 태양광 패널을 설치

[자료 3-7] 태양광 패널로 발전하여 조명에 활용
매립형 태양광 패널로 낮에 생산한 전기를 축전지에 충전하는 방식이다. (출처: 일본 도로)

했다. 대형차가 자주 드나드는 곳이지만, 파손이나 발전량 저하는 발생하지 않고 있다.

시공은 먼저 포장을 걷어내고 콘크리트를 타설한다. 그 후 수지 모르타르를 바르고 태양광 패널을 접착한다. 붙이는 방식보다 시공이 번거롭지만, 패널이 벗겨질 염려가 적다.

필름형 태양전지는 현재 주류인 결정질 실리콘형보다 발전 효율이 낮고, 아직 실적도 많지 않다. 결정질 실리콘형은 생산 기술이 확립되어 있어 대량 생산에 따른 원가절감 효과도 기대할 수 있다. 그럼에도 불구하고 필름형 태양전지를 채택한 것은 내구성을 중시했기 때문이다. 일본도로기술연구소의 히로유키 유미키 과장은 "유연성이 높아 대형차 등의 주행 시 굴곡 변형을 따라갈 수 있다"고 설명한다.

접착형과 매립형에 관계없이 태양광 패널의 내구성 검증이 진행 중이지만, 도입 비용의 인하가 과제로 남아있다. 태양광 패널의 내구성을 높이거나 도로에 특수 공사를 해야 하기 때문에 지붕에 설치하는 것보다 몇 배의 비용이 드는 것으로 알려졌다.

환경 보호에 대한 관심이 높아지는 가운데, 비싼 가격에도 불구하고 도입하는 민간 기업 등이 늘어나면 생산 규모가 확대돼 비용 절감으로 이어질 수 있을 것이다.

– 오쿠야마 코헤이(닛케이 크로스 테크·닛케이 컨스트럭션)

019

투명 태양광 발전용 패널

벽면, 천창 등 유리를 설치할 수 있는 곳에 설치 가능

기술 성숙 레벨 | 고   2030 기대지수 | 42.5

일반 유리창과 비슷한 수준의 투명도를 가지면서 자외선과 적외선을 에너지원으로 발전할 수 있는 패널이다. 창문이나 외벽 등 외장재와 일체화된 BIPV(건축자재 일체형 태양광 발전 설비)에 사용할 수 있어, 벽과 창문을 '발전소'로 만들 수 있다. 탈탄소 사회 실현을 위해 재생에너지가 주목받으면서 태양광 패널 보급률이 높아지고 있지만, 연면적 대비 옥상이 좁은 고층 건축물 등에서는 태양광 발전 설비를 설치할 공간을 충분히 확보할 수 없어 ZEB(Net Zero Energy Building, 넷제로 에너지 빌딩)을 실현하기 어려웠다.

에네오스(ENEOS)홀딩스는 2023년 5월 8일부터 7월 14일까지 다카나와 게이트웨이역 구내에서 투명 태양광 발전 창호 'UE파워(UE Power)'의 발전 성능을 평가하는 실증 실험을 실시했다. UE파

[자료 3-8] 태양광 발전창 패널 'UE파워' 샘플
가시광선을 투과하기 때문에 일반 창유리와 비슷한 수준의 투명도를 가진다. (출처: 에네오스홀딩스)

워는 가시광선을 투과하기 때문에 일반 유리창과 비슷한 수준의 투명도를 가지고 있다. 에네오스가 출자한 미국 유비쿼터스 에너지(Ubiquitous Energy)와 니혼이타가라스가 UE파워를 공동 개발했으며, JR동일본이 실험장 제공, YKKAP가 창호 패널의 새시 프레임 설계와 제작에 협력했다. 실증 실험에서 패널의 유효성을 확인한 후, 빌딩 등으로의 확대를 목표로 발전 시스템 구축 등을 추진한다.

또한, 타이세이건설은 가네카와 공동으로 건축자재 일체형 태양광 발전 시스템 T-Green Multi Solar를 개발했다. 투과성이 없는 타입과 투과성을 확보한 타입이 있다. 2023년 4월에 그랜드 오픈한 타이세이건설 요코하마 지점 빌딩, 타이세이건설이 설계 및 시공한 카이세이고등학교의 새 건물에 채택했다.

정부가 내건 2050년 탄소 중립을 위해 자사 시설의 이산화탄소 배출량 감축에 힘쓰는 기업이 급증하면서 ZEB에 대한 관심이 높아지고 있다. ZEB를 실현하기 위해서는 고단열화와 공조·조명의 에너지 절감을 꾀한 뒤, 태양광 발전 등을 통한 '에너지 절약'이 필수적이다. 하지만 도심의 중·고층 건물에서는 태양광 패널 설치 장소 확보가 어려웠다.

— 이시바시 타쿠마(닛케이 크로스 테크·닛케이 제조)

020

오프 그리드 주택

전력망(그리드)이 필요 없는(오프) 주택으로
어디에나 설치 가능

:
:
:
:

기술 성숙 레벨 | 고   2030 기대지수 | 29.5

태양광으로 전기를, 빗물로 물을 자급자족하기 때문에 전력
망이나 수도 등 인프라가 없는 곳에도 설치할 수 있는 이주
모듈 주택이다. 오프 그리드는 전력망(그리드)에 연결되지 않
은(오프) 상태를 가리키는 말이지만, 기존 인프라로부터 독립
적으로 자원을 자급자족한다는 의미로도 쓰인다.

2015년 설립된 어스(ARTH)는 오프 그리드형 거주 모듈 위저
(Weazer)를 개발하고 있다. 외관은 직육면체로, 20피트 컨테이너(가
로와 세로 약 2.5미터, 폭 약 6미터) 크기의 유닛 6대로 구성된다. 철골 구
조물 상부에 태양광 발전 패널을 설치했다. 내부는 '거주', '발전·
저장', '정수·저장' 공간으로 구분된다.

거주 공간은 60~70m²(기본형)인데, 벽 한 면에 강화유리를 끼워
넣어 개방감이 있다. 조명, 공조, 조리설비 등을 갖췄다. 이들 전

[자료 3-9] 시즈오카현 누마즈시에 오픈한 체험형 숙박시설 위저(Weazer) 니시이즈의 모습
(출처: ARTH)

력은 태양광으로만 충당하며, 이산화탄소를 배출하지 않는다. 식수나 샤워는 빗물을 여과·살균해 도쿄도의 위생 기준을 통과한 물을 사용한다. 화장실 등에서 나오는 폐수는 특수 여과장치로 정화하기 때문에 환경에 해를 끼치지 않는다.

공장에서 제조한 유닛을 현지에 놓기만 하면 거주할 수 있다. 재난 등으로 정전이나 단수가 발생했을 때 긴급 대피시설로서의 수요도 예상된다.

또한 설치 장소의 시간대별 기온, 습도, 입사량, 강수량을 지난 20년치를 입력하면 에너지와 물 자급자족에 필요한 사양을 산출하는 프로그램을 개발했다. 데이터 분석 결과에 더해 구매 희망자가 원하는 거주 면적과 외형(수반, 수영장 등)을 지정하면 프로그램이 축전지와 저수조 용량, 태양광 패널 개수 등을 조정한다. 가격은 기본 모델이 한 기당 1억 엔부터. 수명은 일반 1층 철골 구조물과 같은 39년이다.

지자체나 행정, 의료기관에서도 재난 대책이나 비상시 대비를 위한 문의가 있다. 예를 들어 경제산업성은 ODA(정부개발원조)를 통한 개발도상국 지원에 활용을 기대하고 있다.

반향에 비해 생산이 따라가지 못해 2023년 제공은 최대 10기 정도에 불과하다. 2024년 이후 생산 체제를 강화해 판매 대수를 100기 단위로 확대할 계획이다.

– 가네코 요시에(프리랜서)

021

IoT 방범

창문 등에 센서를 부착하여, 무단으로 열렸을 때
거주자에게 알림

⋮

기술 성숙 레벨 | 고   2030 기대지수 | 12.4

IoT(사물인터넷), AI 등을 활용한 새로운 방범 대책이 나오고 있
다. 택배 강도와 같은 신종 범죄에 대응하거나, 손쉽게 건물
보안을 강화할 수 있다.

만화 주인공의 이름을 사용한 범인이 저지른 것으로 추정되는 광
역 강도 사건이 사회를 떠들썩하게 했다. '약속 범죄(Appointment
Call 강도)', '택배 강도' 등 새로운 범죄에 대응하고 생명과 재산을
보호하기 위해 주택·건축의 방범 대책을 업데이트해야 할 때다.

세키스이 하우스(Sekisui House)는 방범 성능을 갖추면서도 쾌적함
과 편리함을 고려한 '쾌적 방범'을 콘셉트로 삼고, 이에 맞는 창호
및 잠금장치를 독자적으로 개발해 자사가 시공하는 단독주택에
적용하고 있다.

새로운 시도로 홈 시큐리티 기능을 담은 스마트폰 앱 '플랫폼

[자료 3-10] 평면도 위에 무단 개방 위치를 표시

창의 크레센트에 자석 센서를 설치한 모습(오른쪽). 경계 중에 창이 열리면 센서가 무단 개방으로 인식한다. 스마트
폰을 사용해 어느 창이 무단 개방 상태인지를 칸막이 평면도에 표시한다(왼쪽).
(출처: 닛케이 크로스 테크(오른쪽), 세키스이 하우스(왼쪽))

하우스 터치(Platform House Touch)'를 2021년 8월에 개발하여 보급에
힘쓰고 있다. 이 앱을 사용하면 창문을 원격으로 감시할 수 있
다. 미리 창문에 자석 센서 등을 설치한 뒤, 센서가 경계 상태에
있을 때 창문이 열리면 거주자의 스마트폰으로 무단 개방 알림을
보낸다.

집의 평면도와 앱을 연동해 어느 방의 창문이 무단 개방 상태인
지 평면도 상에 알기 쉽게 표시된다. 앱에는 센서를 부착한 창문
의 잠금 상태와 개폐 상태를 확인할 수 있는 기능도 있다. 현관문

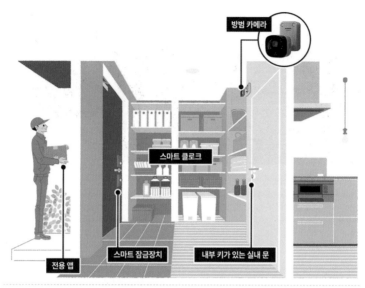

[자료 3-11] 방범 카메라로 클로크 내부를 감시

'스마트 클로크 게이트웨이' 내부는 방범 카메라로 감시한다. 클로크에서 실내로의 무단 침입을 막기 위해, 거실로 통하는 실내 문에 내부 키를 부착한다. (출처: 아사히카세이 홈즈)

의 문이 잠겼는지 확인하고, 잠그는 것을 깜빡 잊은 것을 발견하면 원격으로 잠글 수 있다. 앱이 취급하는 개인정보 유출을 방지하기 위해 서버 측 대책을 일반 사단법인 중요생활 기기연계 보안협의회(CCDS)가 만든 기준에 맞춰 인증을 획득했다.

아사히카세이홈즈가 자사 신축 주택의 선택 메뉴로 2021년 하반기부터 제공하기 시작한 '스마트 클로크 게이트웨이(Smart Cloak Gateway)'는 택배 강도와 택배 방치 문제에 대한 새로운 제안이다.

스마트 클로크 게이트웨이는 택배 박스를 크게 만든 '택배 방'으로, 외부와 연결되는 1층에 배치하고 옆방과 내부 잠금장치가 있는 실내 문과 벽으로 구분한다. 현관문은 비밀번호 등으로 잠금

[자료 3-12] 단독주택용 택배박스
방범 카메라가 장착된 나스타 인터폰은 스마트폰에서 전용 앱으로 조작할 수 있다. 새로운 택배박스를 발표하는 나
스타의 사사가와 준페이 대표이사 겸 CEO(왼쪽)와 다이와하우스공업의 오토모 히로시 전무(오른쪽).
(출처: 나스타)

해제할 수 있는 스마트 잠금장치(전자식 잠금장치)를 부착하고, 내부
에는 방범용 카메라를 설치한다.

　아사히카세이홈즈는 자본 제휴사인 프리퍼드 로보틱스(Preferred
Robotics)와 공동으로 자율이동 AI 로봇을 이용해 택배를 수령하고
배달원을 감시하는 기술을 개발하고 있다. 2023년 1월 미국 라
스베이거스에서 열린 'CES 2023'에 참가해 택배기사가 보관소에
배달한 짐을 자율이동 AI 로봇이 받아 거실 내 적절한 장소로 운
반하는 모습을 보여줬다.

　택배 박스 대기업 나스타는 인터폰에 주목했다. '나스타 인터폰
(Nasta Interphone)'은 단독주택 현관을 24시간 감시하는 CCTV와 택
배 사업자 전용 호출 버튼을 탑재한다. 이 회사는 전국 가전제품
판매점에서 판매를 시작했다.

　장착된 방범 카메라는 현관 앞의 모습을 지속적으로 촬영하여
녹화한다. 인터폰에 내장된 센서가 반응하면 그 전후 수십 초간

의 영상을 등록한 스마트폰으로 전송한다. 재택 중·부재 중에도 수상한 사람이 없는지 확인할 수 있다.

일반 호출 버튼과 별도로 택배 사업자 전용 버튼을 마련해 배달원 자동 응대 기능도 갖췄다. 버튼을 누르면 입주민이 미리 등록해 둔 메시지를 자동으로 들려주며, 택배를 맡겨달라는 등의 지시를 할 수 있다. 메시지는 자동 음성으로 전달되며, 거주자의 속성이 특정되는 것을 방지한다.

나스타는 야마토하우스공업과 공동으로 단독주택용 택배박스 개발에도 나서고 있다. 기존 택배박스 제품에 나스타 인터폰을 탑재한 '넥스트 디박스 플러스에스(Next-Dbox+S)'를 개발해 2023년 4월부터 다이와하우스공업의 분양주택을 대상으로 도입을 추진할 방침이다.

― 기무라 하야오, 아라카와 나오미, 코야마 코시,

(닛케이 크로스 테크·닛케이 아키텍처)

022

접촉·미세파괴형 드론

탑재한 드릴로 콘크리트 벽면에
구멍을 뚫을 수 있음

:
:
:
:
:
:

기술 성숙 레벨 | 중   2030 기대지수 | 6.3

콘크리트 벽면에 구멍을 뚫을 수 있는 도구다. 세이부건설
과 건축연구소, 도쿄이과대학이 공동으로 개발하고 있다.
2022년 3월 실험에서는 드론에 장착한 직경 약 8mm의 드
릴을 콘크리트 벽면에 밀어 넣어, 약 50mm 깊이의 구멍을
뚫을 수 있음을 확인했다.

세이부건설과 건축연구소, 도쿄이과대학은 철근 콘크리트 구조
물의 염해나 중성화 조사 등에 활용을 염두에 두고 개발을 진행
하고 있다.

 구멍을 뚫기 위해서는 먼저 컨트롤러로 드론을 조종하여 상공
에 띄운다. 그런 다음 드론에 부착한 와이어를 지상에서 잡아당
겨 기체를 벽 쪽으로 끌어당긴다. 이후 드론 상단에 장착된 드릴
을 컨트롤러로 조작해 벽면을 향해 밀어내면서 구멍을 뚫는다.

[자료 3-13] 세이부건설, 건축연구소, 도쿄이과대학이 개발한 '접촉·미세파괴형 드론'
(출처: 닛케이 크로스 테크)

[자료 3-14] 드릴을 탑재한 '접촉·미세파괴형 드론'이 콘크리트 벽면에 구멍을 뚫는 모습
(출처: 세이부건설, 건축연구소, 도쿄이과대학)

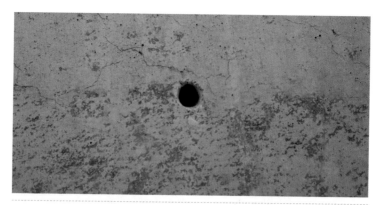

[자료 3-15] '접촉·미세파괴형 드론'으로 뚫린 구멍
(출처: 세이부건설, 건축연구소, 도쿄이과대학)

와이어를 이용해 드론을 벽 쪽으로 밀어 넣음으로써, 구멍을 뚫을 때 기체에 가해지는 벽의 반력에 저항한다. 또한, 드릴을 밀어내거나 회전시킬 때 드론 자체가 회전하는 것을 방지한다.

와이어는 2개가 있는데, 설치 방식에 특징이 있다. 하나는 콘크리트 벽면의 왼쪽 상단과 기체 왼쪽, 콘크리트 벽면의 왼쪽 하단을, 다른 하나는 마찬가지로 오른쪽을 통과시켜 균형 있게 드론을 붙들어맨다. 벽면 상단과 드론에는 와이어를 통과시키기 위한 도르래를 설치했다.

드론의 프로펠러를 움직이는 모터나 드릴 밀어내기, 드릴 자체 스위치에 전력을 유선으로 공급하고 있다. 따라서 2022년 3월 단계에서는 비행 가능한 높이의 한계는 전력을 공급하는 케이블의 길이에 해당하는 약 10m에 불과했다.

세이부건설은 "건축물의 미세파괴 검사에 사용할 수 있는 드론

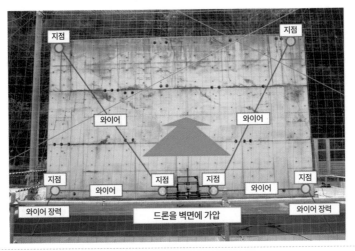

[자료 3-16] '접촉·미세파괴형 드론'을 벽 쪽으로 밀어붙이는 구조
(출처: 세이부건설, 건축연구소, 도쿄이과대학)

은 지금까지 전례가 없다. 와이어를 이용한 기체 계류 방식과 드론의 자세 제어, 적용 가능한 높이 확장, 드론의 소형화 등 실용화를 위한 개선을 추진하겠다"고 밝혔다.

세이부건설은 지금까지 드론으로 외벽 점검을 안전하게 할 수 있는 '라인 드론 시스템(Line Drone System)'을 개발 및 판매하고 있다. 건물 옥상에 설치한 브래킷과 지상에 설치한 이·착륙대 두 지점 사이를 폴리에틸렌 실로 연결해 드론을 계류하는 방식이다. 이외에도 건물 외벽에 콘크리트 표면 함침재를 분사하는 드론 개발도 진행하고 있다.

— 모리오카 레이(닛케이 크로스테크·닛케이 컴퓨터)

023

레미콘 타설 수량 관리

레미콘 타설 수량을 산출하여, 낭비를 줄임

:
:
:
:
:
:

기술 성숙 레벨 | **고**   2030 기대지수 | **3.1**

레미콘 타설 수량을 산출하는 효율성과 정확성을 높이는 애플리케이션을 사용하여, 제조 과정에서 다량의 이산화탄소를 배출하는 콘크리트를 건설 현장에서 남기지 않도록 한다. 그동안 현장 기술자들은 공사 준비와 서류 작업에 쫓기다 보니, 레미콘 수량 관리를 철저히 하지 못해 건설 현장에 레미콘이 남는 경우가 있었다. 남는 레미콘은 출하처인 레미콘 공장으로 되돌려져 산업폐기물로 처리되고 있었다.

SDGs(지속 가능 발전 목표)에 대한 인식이 높아짐에 따라 잔재 콘크리트·반송 콘크리트를 줄이기 위한 노력이 진행되고 있다. 2022년에는 일반사단법인 '레미콘 및 잔재 콘크리트 솔루션 기술연구회(RRCS)'가 2025년 국제박람회(오사카 간사이 엑스포) 건설 공사에서 발생하는 잔재 콘크리트·반송 콘크리트를 제로화하는 프로젝트를

[자료 3-17] 한 장의 사진으로 미시공 범위의 부피 계산
트라이애로우가 개발 중인 앱 이미지. (출처: 트라이애로우)

시작했다.

건설 현장에 도입될 것으로 예상되는 것은 스마트폰이나 태블릿 등을 이용해 레미콘 타설 수량을 산출하는 애플리케이션이다. 특별한 장비를 구입할 필요가 없어 도입 비용이 저렴하다.

엔지니어 인력 파견 및 교육 사업을 하는 트라이애로우(TRI-ARROW)가 2023년 일반 판매를 목표로 개발 중인 이 앱은 촬영한 사진에서 미타설 부분의 부피를 계산한다. 단말기 화면에서 타설 범위를 누르고 타설 깊이를 설정하기만 하면 되며, 한 장의 사진에 담을 수 있는 범위라면 1분 정도면 측정할 수 있다.

시스템 개발 등을 담당하는 엠소프트(M.SOFT)가 2021년 4월부터 판매하고 있는 앱 '피타콘(AR앱)'도 타설 수량을 거의 자동으로 계산할 수 있다. 엠소프트가 오바야시구미와 공동으로 개발했다.

레이저를 이용해 대상물까지의 거리를 측정하는 라이다(LiDAR, 광검출 및 거리 측정)가 탑재된 스마트폰을 이용하면, 타정 범위의 한 변의 길이가 10m 이하인 경우 오차를 3% 이내로 낮출 수 있어

잔여 콘크리트의 발생을 줄일 수 있다.

　오바야시구미 생산기술본부 기술1부 다니타베 카츠히로 부부장은 "계측과 계산의 실수가 없어지고, 계측에 필요한 인원을 2명에서 1명으로 줄일 수 있어 생산성 향상 효과도 있다"고 말했다. 1회 계산에 소요되는 시간도 기존의 절반 정도로 줄일 수 있다.

– 나츠메 타카유키, 오쿠야마 코헤이

(닛케이 크로스 테크·닛케이 컨스트럭션)

024

커먼 그라운드

센서 데이터와 건물 내 공간 정보를 수집하여
다용도로 사용

:
:
:
:

기술 성숙 레벨 | 중   2030 기대지수 | 11.7

모든 센서의 실시간 데이터와 건물 내의 3차원 공간 정보를
한곳에 모아 다양한 용도로 활용할 수 있도록 하는 것이다.
이 아이디어는 도쿄대학 생산기술연구소의 토요타 케이스
케 특임교수가 제안한 것으로, 히타치제작소나 다케나카건
설 등이 참여하는 '커먼 그라운드 리빙 랩'이 연구개발에 임
하고 있다. 게임 엔진을 기반으로 다양한 차세대 기술 영역
에서 공통으로 사용할 수 있는 새로운 세계의 창출을 목표로
한다.

지금까지 개발된 시스템들은 모두 용도별로 폐쇄적이었다. 예를
들어, AR(증강현실) 시스템에서는 사람의 눈에 위화감 없이 가상
물체를 표시하기 위해 주변의 물체 위치나 바닥면 등을 센싱하는
데, 이 센싱 데이터는 AR 애플리케이션에만 사용된다.

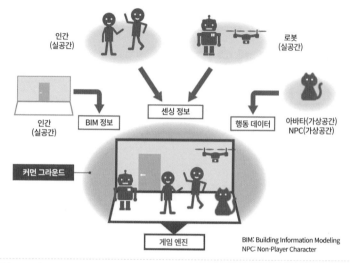

[자료 3-18] 인간과 로봇, AR/VR 아바타 등을 함께 사용할 수 있는 '커먼 그라운드'
(출처: 취재를 바탕으로 닛케이 크로스 테크 제작)

　로봇도 이동하기 위해 장애물을 감지하지만, 이 데이터도 로봇의 이동에만 사용된다. 공간 정보도 마찬가지다. 예를 들어 BIM(Building Information Modeling) 등의 환경 데이터는 건설회사가 보유하고 있다.

　커먼 그라운드(Common Ground)는 이러한 데이터를 집약하여 누구나 사용할 수 있도록 하고, 실용적인 애플리케이션의 창출로 이어지도록 하는 구상이다.

　히타치제작소의 실험장에서는 실험장의 3D 모델과 그곳에 있는 사람의 위치를 대형 스크린에 비춰볼 수 있다. 실제 사물의 위치와 화면상의 위치는 정밀하게 대응하고 있다. 실제 세계에서 사람이 움직이면 3D 공간을 보여주는 화면에서도 움직인다. 의

[자료 3-19] 히타치제작소의 '커먼 그라운드' 실험장
(출처: 닛케이 크로스 테크)

자와 같은 사물이나 로봇과 같은 이동체도 마찬가지다.

사람이 방에 들어오면 출입문 부근 천장에 설치된 센서가 이를 인식한다. 방의 네 귀퉁이에 있는 ToF(Time of Flight) 센서로 사람의 위치를, 영상 인식을 통한 자세 추정으로 사람의 움직임을 각각 인식할 수 있다. 사물 위치의 실시간 센싱은 RF태그를 부착해 사물 위치를 실시간으로 감지할 수 있다. 천장의 스테레오 카메라가 태그를 인식한다. 방 곳곳에 배치된 카메라 영상이 커먼 그라운드의 시스템에 입력되기 때문에, 방 안에 있는 로봇이 방 안의 상황을 실시간으로 파악해 행동하는 식의 활용이 가능하다.

커먼 그라운드는 건축 공간의 3D모델인 BIM과 같은 기존 공간 데이터에 실시간 데이터를 결합해 게임 엔진과 AI를 이용해 표현한다. 히타치제작소의 사례에서는 BIM 데이터를 이용해 방을 재현하고, 카메라와 ToF 센서를 결합해 실제 사물과 물건의

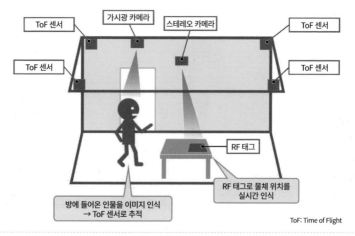

[자료 3-20] 공간에 여러 개의 센서를 설치한 히타치제작소의 실험장
(출처: 취재를 바탕으로 닛케이 크로스 테크 제작)

위치를 반영했다.

게임 엔진은 여러 사람이 동시에 행동하는 상황에서도 효율적인 연산 처리가 가능하다. 또한 사람의 몇 초 후의 행동을 예측할 수 있다. 일부 온라인 게임에서 구현된 플레이어의 몇 초 후의 행동을 예측하는 기능을 사용한다. 사람이나 사물의 몇 초 후의 움직임을 예측할 수 있다면 통신 시간 지연(lag)을 보완할 수 있고, 통신 성능이 충분하지 않은 환경에서도 실시간성을 확보할 수 있다. 지금까지의 디지털 트윈은 통신·처리 성능으로 인해 실시간 업데이트가 어려운 실정이었다.

커먼 그라운드 리빙 랩이 지향하는 것은 오픈 플랫폼으로서 '누구나 접근할 수 있고, 어떤 기업의 센서 사양에도 대응할 수 있는' 커먼 그라운드의 구현이다. 장점으로는 로봇과 가상 공간을 포함한 전체 제어가 가능하다는 점을 꼽을 수 있다. 공간에 센서를 배치만 하면 되기 때문에, 고성능 센서를 탑재한 로봇이 필요 없다.

도입 대상은 로봇 개발·건설업·제조업·교육 분야·엔터테인먼트 분야 등 다양하다. 로봇의 운용 현장이나 원격지와의 실감나는 커뮤니케이션 등의 활용 외에도 기존의 디지털 트윈과 같은 업무 효율화를 위한 시뮬레이션에도 대응한다.

"커먼 그라운드에서는 게임 업계 등 다른 업종에 종사하는 사람도 이해할 수 있는 데이터 교환이 이루어진다." 다케나카건설은 건설업계가 아닌 기업도 쉽게 애플리케이션을 개발할 수 있다는 점을 강조한다.

— 구보타 류노스케(닛케이 크로스 테크·닛케이 일렉트로닉스)

025

수직 측위

사람이 지금 있는 위치의 높이를 측정

⋮

기술 성숙 레벨 | 고   2030 기대지수 | 3.1

수직(높이) 방향으로 정확한 위치 정보 획득을 목표로 하는 시스템이다. 스마트폰 등 기기에 탑재된 기압 센서 등을 이용해 2~3m 오차로 높이를 추정한다. GPS(전 지구 위치 파악 시스템) 등 기존 시스템과 조합하면 대상의 상세한 위치를 파악할 수 있다. 긴급 신고 시 신고자의 위치 정보를 수직·수평 방향으로 파악하는 등 활용이 가능하다.

메트콤(MetCom)은 2022년 11월, 높이 정보를 제공하는 수직 측위 서비스 '피나클(Pinnacle)'의 시연을 선보였다. 사람을 나타내는 주황색 동그라미 표시가 3차원 CG의 도쿄타워를 천천히 올라간다. 도쿄타워의 엘리베이터를 타고 수직으로 이동하는 모습을 실시간으로 표시했다. 메트콤에는 미국의 넥스트내비게이션, 교세라커뮤니케이션시스템, 소니네트워크커뮤니케이션, 세콤 등이 출

[자료 3-21] 도쿄타워에서 선보인 수직 측위 서비스 '피나클'의 시연 모습
중앙에 있는 주황색 동그라미 표시가 수직으로 이동한다. (출처: 닛케이 크로스 테크)

자하고 있다.

메트콤은 미리 설치한 여러 개의 기압계로부터 위치 정보와 기압 데이터를 수집한다. 건물 안에 있는 사람이 가지고 있는 스마트폰에서 위치 정보와 기압 데이터를 전송하면 가장 가까운 기압계로 측정한 기압 데이터와 비교해 높이를 추정한다. 이 방식으로 기후 변화 등으로 인한 측정 오차를 2~3m 정도로 낮출 수 있다.

메트콤의 아라키 츠키코 CFO(최고재무책임자)는 "도시에 있는 사람들은 거의 실내에서 생활한다. 하지만 GPS는 실내에 있는 사람의 위치 정보 취득에 취약하다. 새로운 수직 측위 시스템을 구축할 필요가 있다"고 말한다.

이런 노력에 앞서가는 나라는 미국이다. 미국 연방통신위원회 (FCC)는 2022년 4월부터 긴급 신고 시 수직 방향을 포함한 위치 정보를 알리도록 의무화했다. 실내에서 응급처치를 요구하는 사람이 신고할 경우, 구급대원이 더 빨리 출동할 수 있게 되어 많은 인명을 구조할 가능성이 높아진다.

– 노노무라 히카루(닛케이 크로스 테크)

026

건설 3D프린터

3차원의 벽과 거푸집을 현장에서 조형

:
:
:
:
:
:

기술 성숙 레벨 | 고   2030 기대지수 | 26.1

특수 모르타르를 노즐에서 토출하여 적층하고 구조물을 조형한다. 스타트업부터 콘크리트 업체, 대형 건설사 등 다양한 기업들이 실무에 활용하기 위해 시행착오를 겪으며 기술력을 높여가고 있다. 지금까지는 실내에서 조형하는 것이 중심이었지만, 프린터를 건설 현장으로 들여오는 현장 프린팅이 시작됐다. 오바야시구미는 2023년 4월 기술연구소 부지에 3D프린터로 시공한 건축 '3dpod'을 공개했다. 3dpod은 3D프린터로 조형한 건축물로는 최초로 건축기준법 20조(구조내력)에 관한 장관 인증을 획득했다.

3dpod은 연면적 27.09m, 최고 높이 4.04m의 3D프린터로 실제 시공한 건물이다. 오바야시구미는 3dpod의 벽과 바닥 등 모든 구조 부재를 특수 모르타르로 출력했다. 오바야시구미가 개발한

[자료 3-22] 3D프린터 건축으로 장관 인증을 최초 취득
(출처: 오바야시구미)

[자료 3-23] 오바야시구미가 기술연구소 내에 건설한 3D프린터 건축물
(출처: 닛케이 크로스 테크)

[자료 3-24] 3D프린터 건축물의 내관
(출처: 닛케이 크로스 테크)

초고강도 섬유보강 콘크리트인 '슬림크리트'를 채워 내진성을 확보했다.

건물 내부에는 공조, 조명, 급·배수 등의 설비가 있어 실제로 사람이 거주할 수 있는 구조로 되어 있다. 건물 서쪽 외부 계단을 통해 옥상으로 올라갈 수 있다.

오바야시구미 설계본부 설계 솔루션부 기무라 타츠하루 과장은 말한다. "내진 구조를 실현하고 거주 성능을 확보하는 등, 3D프린터에 의한 건설의 가능성을 공작물에서 건축물로 확장할 수 있었다. 이번에는 단층으로 만들었지만, 같은 방법으로 2~3층짜리 건물을 건설하는 것도 가능하다." 오바야시구미는 2019년에 일본 내 최대 규모의 쉘형 벤치를 3D프린터로 제작했지만, 건축물은 이번이 첫 도전이었다.

건물의 형태는 프린팅 범위 내에서 최소한의 재료를 사용해 최대한의 공간을 확보할 수 있도록 설계했다. 벽면은 최대 3층의 중공층을 만들어 인쇄했다. 실내외에서 구조체층, 단열층, 설비층(케이블 보호층, 덕트층)으로 구성했으며, 벽 전체 두께는 약 280mm로 제한했다. 벽과 천장은 덴카(Denka)가 개발한 3D프린터용 특수 모르타르인 '덴카 프린터'를 사용해 인쇄했다.

오바야시구미 기술본부 기술연구소 생산기술연구부 요시카즈 이시제키 수석연구원은 "모르타르에 나일론 섬유를 섞어 넣었다. 노즐에서 토출한 직후의 모르타르가 무너지지 않도록 하는 동시에, 적층한 모르타르 간의 접착력을 높이는 효과가 있다"고 설명한다.

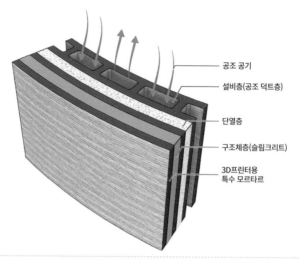

공조 공기

설비층(공조 덕트층)

단열층

구조체층(슬림크리트)

3D프린터용
특수 모르타르

[자료 3-25] 복층 구조의 벽으로 거주 성능 확보

오바야시구미가 시공한 3D프린터 건축 벽의 단면 이미지. 3D프린터로 인쇄한 모르타르 부분의 두께는 각각 30mm다. 구조체층의 두께는 60mm, 단열층과 설비층의 두께는 약 50mm다. (출처: 오바야시구미)

구조체 층에 슬림크리트를 충전하여 구조로 성립시켰다. 슬림크리트는 특수분말 재료와 초고강도 강섬유를 이용한 상온경화형 콘크리트 재료로, 얇은 부재를 제작할 수 있다. 구조체 층의 두께는 60mm이다.

건물 전체 시공 절차는 이렇다. 먼저 재래식 공법으로 기초 콘크리트를 타설한다. 그다음 3D프린터를 현장에 설치하고 직접 조형하는 '현장 프린팅'으로 모르타르 벽을 출력하고, 그 안에 슬림크리트를 타설한다. 프린터 암의 가동 범위에 한계가 있어 1층 부분은 상하 2층으로 나눠 시공하고, 슬림크리트 타설 이음새만 철근으로 단단히 묶었다.

1층 천장이 될 바닥판은 기술연구소 내 실내 시설에서 14개의 부품을 미리 출력한 후, 이를 현장에 깔고 슬림크리트를 타설하는 방식으로 옥상층 바닥을 구성했다. 천장을 시공한 후 3D프린터를 옥상층으로 운반했다. 약 2m 높이의 난간 부분을 출력하고 슬림크리트를 채워 넣었다.

천장이 될 바닥판에는 곡선이 얽힌 그물망 모양의 돌기(리브)를 달아 바닥판에 발생하는 힘을 리브로 분산하도록 했으며, FEA(유한 요소 해석)를 이용해 바닥판에 발생하는 힘의 흐름을 시각화해 리브의 형상을 만들었다. 복잡한 형상을 인쇄할 수 있는 3D프린터의 강점을 살렸다.

— 호시노 타쿠미(닛케이 크로스 테크·닛케이 아키텍처)

027

BIM(빌딩 인포메이션 모델링)

컴퓨터상의 3차원 모델로 마감재 등 속성 데이터 관리

:
:
:
:
:
:

기술 성숙 레벨 | 고   **2030 기대지수 | 9.3**

컴퓨터상에서 가상의 건물 모델을 구축해 설계, 시공, 관리 등에 활용하는 구조를 말한다. 국토교통성은 2025년에 BIM(빌딩 인포메이션 모델링, Building Information Modeling) 데이터에 의한 확인 신청을 시범적으로 시행한다. 건축기준법에 적합한지 확인할 때 지금까지는 종이 도면 제출이 대부분이었다. BIM의 사회 구현을 가속화하기 위해 국교성은 80억 엔의 국비를 투입하는 보조사업을 시작했다. 2024년 4월부터 시간 외근로 상한 규제가 시작되는 건설업계에서는 생산성 향상과 인력 절감 등이 시급한 과제로 떠오르고 있어, BIM 활용이 해결책으로 기대되고 있다.

2022년 11월 개최된 '건축 BIM 환경정비부회'에서 국토교통성 주택국 건축지도과 야도모토 쇼고 과장은 "5년 이내에 BIM에 의

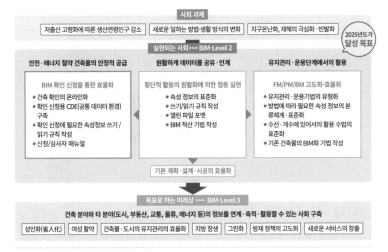

[자료 3-26] 미래상 실현을 위한 과제안
건축 BIM의 미래상과 공정표 개정을 위한 과제안. 국토교통성이 2022년 11월에 개최한 건축 BIM 환경정비부회에서 제시했다. (출처: 국토교통성)

한 건축 확인을 부분적으로 시작하겠다"고 선언하고, '건축 BIM의 미래상과 공정표' 개정을 위한 과제안을 제시했다.

'건축 BIM의 미래상과 공정표'는 2019년에 발행되었으며, 이를 바탕으로 BIM의 표준적인 활용방법을 제시하는 가이드라인 작성과 시범사업 등이 진행되어 왔으나, BIM 확인 신청의 시작 목표 시기까지는 제시하지 않았다. 현행법은 BIM 데이터에 의한 확인 신청을 허용하지 않고, BIM 데이터가 있더라도 사전 협의에만 사용하고 본 신청에는 BIM 데이터로 작성한 도서를 제출해야 했다.

목표 달성을 위해 국교성은 중소 설계사무소와 건설사에 BIM을 보급하기 위해 '건축 BIM 가속화 사업'을 신설했다. 일정 규모

[자료 3-27] BIM 데이터를 에너지 절약 계산에 활용

원빌딩(One Building)의 가네다 마사토시 씨 대표이사. 원빌딩은 가네다 씨와 쿠와지마 토시마 대표이사가 2021년 6월 설립했다. 1차 에너지 소비량, 이산화탄소 배출량, 연간 광열비의 절감 효과 등을 산정하는 위탁 서비스도 제공한다. (출처: 닛케이 크로스 테크)

이상의 건축 프로젝트를 진행할 때 여러 사업자가 연계해 BIM 데이터를 작성할 경우, BIM 소프트웨어 구입비 등을 국가가 지원한다.

보조 내용은 BIM 소프트웨어 이용비와 CDE(공통 데이터 환경) 구축비, BIM 코디네이터와 BIM 매니저 등 인건비, BIM 모델러에 대한 위탁비 등이다. 2023년 1월부터 프로젝트를 대표할 사업자의 등록 접수를 시작했으며, 정부의 시책과 함께 민간의 노력도 활발해지고 있다.

건설 관련 시스템 개발 스타트업인 원빌딩(One Building)은 2022년 9월 'BIM sustaina for Energy'라는 클라우드 서비스를 시작했다. BIM 모델에서 개구부 등의 사양을 파일로 작성하여 클라우드에 업로드하는 것만으로 에너지 절약 계산을 실행할 수 있다.

[자료 3-28] 구상 후 약 1년 만에 구체화

에어 플레이트를 설명하고 있는 아즈사종합연구소의 묘다 쿄헤이 이사. 에어 플레이트는 아즈사종합연구소와 호구치랩, 도쿄대 생산기술연구소의 야시로 토모나리 교수, 무라이 히토시 특임연구원과 공동으로 개발했다. (출처: 닛케이 크로스 테크)

 우선 BIM 소프트웨어에 에너지 절약 계산에 필요한 속성 정보를 입력한다. BIM 소프트웨어인 아키캐드(Archicad)나 레빗(Revit)에 대응한 입력 소프트웨어가 제공되므로 개구부 사양 등을 목록에서 선택해 입력할 수 있다. 입력이 끝나면 데이터를 파일로 출력해 원빌딩의 클라우드 서비스에 업로드한다. 이후 설비 설계자가 별도로 입력한 설비 정보를 업로드하기만 하면 계산서가 완성된다.

 아즈사설계가 2021년 설립한 아즈사종합연구소는 2023년 5월 MR(복합현실) 기술을 보유한 호구치랩, 도쿄대 생산기술연구소와 공동으로 BIM을 활용한 시설 관리 플랫폼 '에어 플레이트(AIR-Plate)'를 개발했다.

 에어 플레이트는 BIM을 BM(빌딩 모델)과 I(인포메이션)로 분해하여 별도의 소프트웨어로 관리함으로써 데이터를 경량화하거나 다루기 쉬운 형태로 만든다. 각각의 소프트웨어를 연동해 데이터를 재통합함으로써 BIM을 유지 관리에 적합한 형태로 바꾸는 구조인 것이다.

에어 플레이트를 활용하면 엑셀이나 워드 등 텍스트 기반 데이터로 시설 정보를 업데이트하는 것만으로 건물 모델을 변경할 수 있으며, BIM 소프트웨어를 직접 조작할 필요가 없어 전문 기술이나 BIM 지식이 없는 시설 관리자도 조작할 수 있다.

아즈사종합연구소는 실증 실험 결과 등을 바탕으로 개선 작업을 거쳐 2023년 내 정식 서비스 제공을 목표로 하고 있다. 아즈사종합연구소의 묘다 쿄헤이 이사는 "AI와 에어 플레이트를 연계해 PDF 형식의 자료를 불러오는 것만으로 데이터베이스의 정보를 업데이트 할 수 있도록 할 것"이라고 포부를 밝혔다.

― 키무라 하야오(닛케이 크로스 테크·닛케이 아키텍처),
사카모토 요헤이(닛케이 크로스 테크·닛케이 컨스트럭션)

028

우주 건설

골판지 텐트로 우주 기지를 재현하여
우주 생활 방법을 검증

:
:
:
:
:
:

기술 성숙 레벨 | 저　2030 기대지수 | 15.5

골판지 텐트를 활용해 우주에서의 생활과 지상에서의 지원
방법을 검증하는 움직임이 있다. 장대한 꿈 이야기였던 우주
개발이 현실로 다가온 것에 대한 반응이다. 미국이 주도하고
일본도 참여하는 '아르테미스 계획'의 1차로 발사한 무인 우
주선이 2022년 12월 11일(한국시간 12일) 달 궤도 시험 비행을
마치고 지구로 귀환했다. 2025년 이후 유인 달 착륙을 목표
로 하고 있다.

도요세이칸그룹 홀딩스(GHD)와 극지 건축가 무라카미 유스케 씨
가 대표를 맡고 있는 특정 비영리 활동 법인 '필드 어시스턴트
(FIELD assistant)'는 2023년 1월, 우주 공간에서의 생활을 시뮬레이
션하는 골판지제 검증 유닛을 공동으로 개발했다고 발표했다.
　여러 개의 골판지 텐트를 조합해 기지를 모방한 폐쇄형 거주

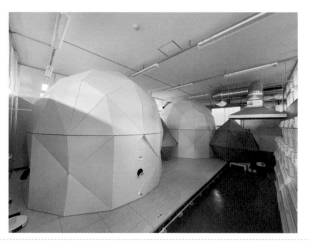

[자료 3-29] 건물 내에 2개의 텐트 설치

도요세이칸그룹의 위성 사무실에 설치한 검증 유닛. 텐트는 4.5평 정도(약 15㎡)의 면적에 평면은 원형이다. 거주용 흰색 텐트를 통로용 부품으로 연결하여 검증 유닛을 구성하고 있다. (출처: 닛케이 크로스 테크)

공간을 만들어, 우주에서의 생활과 지상에서의 지원 방법을 검증한다.

유닛을 구성하는 텐트는 무라카미 씨와 도요세이칸그룹의 니혼 토칸 패키지(Nippon Tokan Package)가 공동으로 2021년에 개발한 'DAN DAN DOME'이다. 이번에 새롭게 개발한 통로용 부품으로 두 동의 텐트를 연결하여 검증 유닛으로 만들었다. 한쪽 텐트는 주로 작업공간과 식당용이고, 다른 한쪽은 거실과 같은 공간으로 구성했다.

4인 1조로 구성된 팀에서 간단한 작업을 포함한 메뉴를 수행하며 발생하는 문제점을 파악한다. 검증 유닛 내 생활을 관찰하는 관제실도 별도의 방에 마련했다. 관찰하면서 가끔씩 지시를 내리는 등 소통도 한다. 관제실 상황을 관찰하는 것도 검증의 목적 중

하나다. 무라카미 씨는 "관제실에 초점을 맞춘 검증은 세계적으로도 사례가 드물다. 우주와 지상과의 관계에서 발생하는 문제점을 찾는 기회로 삼고 싶다"고 말했다.

— 코야마 항(닛케이 크로스 테크·닛케이 아키텍처)

4장

전기·에너지

전력을 효율적으로
사용할 수 있는
반도체와 배터리에 대한 기대

029

차세대 전력반도체

전력 손실을 줄일 수 있는 차세대 소자

．
．
．
．
．
．

기술 성숙 레벨 | **중**   2030 기대지수 | **30.0**

울트라 와이드 밴드 갭(UWBG, Ultra-wide bandgap) 반도체라고도
한다. 재료로는 산화갈륨(Ga₂O₃), 다이아몬드, 질화알루미늄
갈륨(AlGaN), 루틸형 이산화게르마늄(r-GeO₂), 입방정질화붕소
(c-BN) 등이 있다.

이미 전력반도체로 사용되고 있는 실리콘카바이드(SiC, 탄화규
소)나 갈륨나이트라이드(GaN, 질화갈륨)보다 우수한 재료 특성을
가지고 있다.

대전류·고내압에 강한 SiC 전력반도체는 전기차, 철도, 태양광
발전용 인버터 등에 사용이 확대되고 있다. 고주파 특성이 우수
하고 기기의 소형화에 유리한 GaN 전력반도체는 소형 전원 공급
장치와 라이다(LiDAR, 레이저를 이용한 거리 측정 기술) 등에 사용되기 시
작했다. 모두 2030년대에는 현재의 실리콘과 함께 전력반도체의
주역이 될 것으로 보인다.

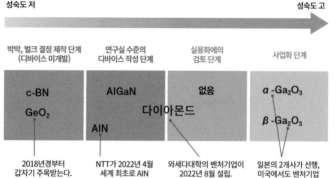

[자료 4-1] 차세대 전력반도체의 사업화 및 연구개발 단계

산화갈륨(Ga_2O_3)이 다른 재료들을 한발 앞서고 있지만, 다양한 재료들이 있기 때문에 오른쪽으로 갈수록 유망하다고 단언할 수는 없다. (출처: 닛케이 크로스 테크)

또한 SiC와 GaN를 사용하는 전력반도체의 뒤를 이을 재료에 대한 연구도 시작되고 있다. 가장 빠르게 진행되고 있는 것은 산화갈륨 전력반도체로, 교토대 출신 벤처기업인 플로스피아(FLOSFIA), 다무라제작소에서 분사한 노벨크리스털테크놀로지 2개사가 각각 소자 개발에 성공해 고내압 다이오드로 양산·실용화 단계에 접어들었다.

산화갈륨 전력반도체의 전력 소자 성능(Baliga 성능 특성)은 SiC의 몇 배로 알려져 있다. 원리적으로는 SiC 전력반도체보다 저렴하게 만들 수 있는 제조 공정을 사용할 수 있으며, SiC에 비해 전력 손실은 약 3분의 1, 가격은 칩 수준에서 약 2분의 1에서 3분의 1로 낮아질 수 있다.

산화갈륨 전력반도체의 연구개발이 본격화된 것은 2000년 이후부터다. 이후 기초 연구-소자 개발-실현이라는 단계를 순조롭게 밟아 실용화 직전까지 왔다. 2030년에는 SiC 전력반도체의 본령이라 할 수 있는 전기자동차의 모터 구동 인버터에 사용하는 것을 목표로 하고 있다. 그렇게 되면 GaN 전력반도체의 시장 규모를 단숨에 추월할 것이라는 전망도 나온다.

— 츠치야 죠타(니혼게이자이신문)

030

페로브스카이트 태양전지

저비용으로 제조, 접을 수 있고 구부려짐

⋮

기술 성숙 레벨 | **고**   2030 기대지수 | **17.1**

차세대 태양전지 후보 중 하나로 고효율 발전이 가능하며, 인쇄 기술을 기반으로 한 도포법으로 제조할 수 있다. 도인 요코하마대학의 미야사카 츠토무 특임교수 등이 개발한 일본발 기술이며, 파나소닉홀딩스 등의 업체도 개발을 진행하고 있다.

파나소닉홀딩스는 2023년 1월에 개최된 CES 2023(2023년 1월 5~8일, 미국 라스베이거스)에서 페로브스카이트 태양전지(Perovskite Solar Cells)를 전시했다. 파나소닉홀딩스는 CES 2023에서 2022년에 발표한 새로운 환경 콘셉트 '파나소닉 그린 임팩트(Panasonic GREEN IMPACT)'를 다시 한번 강조하며, 부스 전시에서 환경 대책 기술을 중심으로 전시했다.

일본 취재진을 대상으로 한 라운드 테이블(질의응답회)에 참석한

[자료 4-2] CES 2023 프레스 컨퍼런스
오가와 타츠오 파나소닉홀딩스 집행임원그룹 CTO(가운데)가 '파나소닉 그린 임팩트' 등에 대해 설명했다.
(출처: 닛케이 크로스 테크)

오가와 타츠오 CTO(최고 기술 책임자)에 따르면, 페로브스카이트 태양전지의 가장 큰 특징은 인쇄 기술에 의한 도포로 만들 수 있다는 점이다. 넓은 면적의 필름 형태로도 만들 수 있다.

이 때문에 페로브스카이트 태양전지는 수직 벽면이나 무거운 물체를 지탱할 수 없는 면 등에 자유로운 형태로 부착할 수 있다. 기존 실리콘계 태양전지의 경우, 설치할 수 있는 장소가 건물 옥상이나 지면 등으로 한정돼 있었다.

오가와 타츠오 CTO는 "건축자재에 적용하는 것이 가장 큰 효과를 볼 수 있다"고 설명한다. 예를 들어, 단열 유리의 내층에 페로브스카이트 태양전지를 넣은 제품을 상당히 저렴하게 만들 수 있다는 것이다. 기존에는 실리콘계 태양전지 패널을 붙여서 전기를 만드는 제품이 있었지만, 비용이 많이 들었다.

— 우치다 야스시(닛케이 크로스 테크·닛케이 일렉트로닉스)

031

양자 센서

원자나 분자의 움직임을 관찰하여,
미약한 신호와 생체 내 활동을 조사

:
:
:

기술 성숙 레벨 | 고   2030 기대지수 | 19.7

양자역학의 원리를 이용해 다양한 물리량을 정밀하게 측정할 수 있는 센서다. 원자나 분자 단위의 작은 물체의 움직임을 관찰함으로써, 기존 센서로는 측정할 수 없었던 미약한 신호나 생체 내 활동 등을 조사할 수 있다.

양자 센서의 연구개발을 둘러싸고 대학 등 연구기관뿐만 아니라 민간기업의 참여가 확대되고 있으며, 자동차 업계 등을 대상으로 한 양자 센서 판매도 시작되고 있다.

　양자 센서를 통한 센싱은 물질의 스핀이나 원자 기체를 이용한다. 이들은 주변 환경에 영향을 받기 쉬워, 그 움직임을 관찰함으로써 고정밀 센싱이 가능해진다. 스핀을 연산에 이용하는 양자컴퓨터에서는 이 불안정성이 정확한 연산을 방해하지만, 양자 센싱에서는 그 성질을 역이용해 뛰어난 기능을 구현할 수 있다.

[자료 4-3] 콜드콴타의 양자 센서 코어
콜드콴타는 자동차 업계 등에 양자 센서 기술을 판매하려고 한다. (출처: 콜드콴타)

오사카대학 양자정보·양자생명연구센터의 네고로 마코토 부교수 연구팀은 양자 센싱 기술을 응용한 고감도 자기공명영상장치(MRI)를 개발하고 있다. 분자 구조를 분석하는 핵자기공명(NMR) 신호를 증강시키는 독자적인 기술로 상온에서 대상물을 고감도로 측정할 수 있도록 하는 것이다. 생쥐의 체내 대사를 조사하여 암세포의 활동을 조사하거나, 단백질의 결합 상태를 통해 약물 스크리닝에 활용하는 등의 응용을 목표로 하고 있다.

해외에서는 이미 양자 센서의 상용화가 진행되고 있다. 양자컴퓨터 개발 스타트업인 미국 콜드콴타(Coldquanta)는 양자 기술 중 '냉각 원자 방식'으로 불리는 양자컴퓨터와 양자 센서를 개발하고 있으며, 2022년 11월 스미토모상사와 대리점 파트너십 계약을 체결하고 일본 시장에서의 판매를 시작했다.

— 사토 마사야(닛케이 크로스 테크)

032

칩렛

대규모 회로를 소규모 회로로 분할하여,
원하는 사양에 맞게 조립

:
:
:
:
:

기술 성숙 레벨 | 고   2030 기대지수 | 4.6

제조 기술의 세대와 용도가 다른 칩을 블록처럼 조합해 하나
의 칩처럼 취급하는 기술을 말한다. 칩렛(Chiplet) 집적화를 둘
러싸고 반도체 제조에 '중공정'이라는 새로운 개념이 생겨나
면서, 일본 반도체 산업이 다시 도약할 수 있는 계기가 될지
도 모른다.

반도체 제조가 크게 변화하고 있다. 미세화에 따른 무어의 법칙
이 한계에 부딪히면서, 미세화 이외의 기술이 주목받고 있다. 그
중 하나가 서로 다른 작은 칩(칩렛)을 집적하는 '칩렛 집적'이다.

도쿄공업대학을 중심으로 알박, 태양잉크제조(사이타마현 아라시야
마초) 등이 참여하는 '칩렛 집적 플랫폼 컨소시엄' 연구팀은 2023
년 5월 30일부터 6월 2일까지 미국 올랜도에서 개최된 반도체 패
키지 기술 국제학회(ECTC, Electronic Components and Technology Conference)

[자료 4-4] 칩렛 집적구조의 콘셉트 실증 샘플
일본의 '칩렛 집적 플랫폼 컨소시엄'이 다루고 있다. (출처: 도쿄공업대학)

의 기술 프로그램 세션 1에서 칩렛 집적의 핵심인 칩 간 연결 방법에 대해 발표했다.

컨소시엄을 총괄하는 쿠리타 요이치로 도쿄공대 특임교수는 "이번에 발표한 기술을 통해 칩렛을 집적하는 접근법과 메타 IC(Meta IC)의 개념을 제시했는데, 칩렛의 본질을 매우 잘 표현했다는 평가를 받았다"고 말했다.

칩렛 집적화를 실현하기 위해 반도체 제조에서 전공정과 후공정의 구분이 모호해지는 부분이 생겨나고 있는데, 이러한 중간 영역을 '중공정'이라고 부른다. 중공정에는 후공정 기술도 활용되기 때문에, 후공정용 제조 장비와 소재에 강한 일본에 해외 반도체 대기업들이 주목하면서 일본 내 투자와 거점 설립을 속속 추진하고 있다.

ECTC에서 컨소시엄이 발표한 기술도 중공정 관련 기술이다. ECTC는 반도체 후공정 관련 세계 최고 권위의 국제학회 중 하나다. 그 메인 행사인 기술 프로그램 세션 1에서 일본 업체들의 발표가 관심을 모았다.

세션에는 대만 TSMC, 한국 삼성전자, 미국 인텔 등 파운드리 (위탁생산) 대기업과 제조장비 대기업인 미국 어플라이드머티어리얼즈(Applied Materials) 등 업계 중견기업이 이름을 올렸다.

– 마츠모토 노리오(닛케이 크로스 테크)

033

공간 재현 디스플레이

맨눈으로 VR(가상현실)을 볼 수 있는 장치

기술 성숙 레벨 | 중   2030 기대지수 | 18.9

전용 안경을 쓰지 않고도 3차원 입체 영상을 즐길 수 있는 장치다. '맨눈 입체시 디스플레이'라고도 한다. 보는 사람의 시점(얼굴의 위치)에 따라 각도와 방향이 다른 피사체의 영상을 전환해 출력해 입체적으로 보이도록 한다. 여러 기술을 결합하면 큰 화면을 표시할 수도 있다.

영상 전환 방식과 영상 표시 장치에 따라 여러 가지 방식이 있다. 화면 앞에 있는 한 사람만 입체시(立體視)로 볼 수 있는 방식과 여러 사람이 한 대의 디스플레이 앞에서 동시에 입체시로 볼 수 있는 방식이 있다.

소니그룹은 2023년 5월, 화면 크기 27형의 맨눈 입체시 디스플레이 'ELF-SR2'를 출시했다. 크리에이터 등을 겨냥한 제품으로, 디스플레이를 보는 한 사람만 영상을 입체적으로 볼 수 있다.

[자료 4-5] 소니가 5월 출시한 27형 맨눈 입체시 디스플레이 'ELF-SR2'
2023년 1월, CES 2023에서 공개한 프로토타입. (출처: 닛케이 크로스 테크)

디스플레이에 내장된 카메라로 앞에 있는 사용자의 얼굴을 포착하고, 독자적인 시선 감지 기술로 눈동자의 움직임을 수 밀리초 단위로 감지한다. 감지한 시선 방향에 따라 실시간으로 3차원 영상을 생성해 표시한다. 여러 사람이 동시에 입체시로 볼 수는 없지만, 한 사람이 보는 한 어느 각도에서든 고화질 3차원 영상을 볼 수 있다.

정보통신연구기구(NICT)는 홀로그램 필름과 여러 대의 소형 프로젝터를 이용해 맨눈으로 입체시로 볼 수 있는 기술을 개발하고 있다. 디스플레이 영역에 NICT가 보유한 홀로그램 프린팅 기술(HOPTEC)로 만든 홀로그램 필름을 사용하며, 이를 투명 아크릴판에 붙이고 32대의 소형 프로젝터에서 각 방향 시점의 영상을 각각 투사하면 보는 위치에 따라 영상이 달라져 입체감이 느껴진

[자료 4-6] 정보통신연구기구(NICT)가 개발한 맨눈으로 입체감 있게 볼 수 있는 투명 디스플레이 장치
도판인쇄의 계측 장치 '라이트 스테이지'를 이용해 얼굴의 3차원 데이터를 계측, 고화질 3D 영상을 제작해 표시하게 한다. (출처: 닛케이 크로스 테크)

[자료 4-7] NHK 방송기술연구소의 광선 재생형 3차원 영상 시스템
3D 영상을 표시한 모습. (출처: 닛케이 크로스 테크)

다. 1대당 약 2도 정도의 조금씩 다른 영상을 투영해, 총 32개 시점의 입체시를 구현한다.

각 프로젝터에서 서로 다른 영상을 출력할 수 있기 때문에 입체적으로 보여줄 뿐만 아니라 방향에 따라 보여주는 영상 자체를 바꿀 수도 있다. 예를 들어, 같은 의미의 텍스트를 여러 언어로 표시해 다양한 국가의 여러 외국인 관광객에게 한 번에 안내 설명을 하는 등의 활용이 가능하다.

NHK 방송기술연구소는 '광선 재생형 3차원 영상 시스템'을 개발 중이다. 전용 카메라 시스템으로 촬영한 다시점 영상을 여러 대의 프로젝터로 투영하고, 렌즈 어레이와 광학 소자를 이용해 3차원 스크린에 결상시켜 입체감을 구현한다.

디스플레이 장치에는 8K 프로젝터 2대, 4K 프로젝터 4대 등 총 6대의 프로젝터를 사용한다. 각 프로젝터는 화소를 대각선 방향으로 반 픽셀씩 엇갈리게 시분할로 영상을 투영해, 다중 시점 영상의 해상도를 높인다. 또한 광선의 방향을 엇갈리게 하는 광학 소자를 통해 깊이의 재현 범위를 넓힌다.

- 우치다 야스시(닛케이 크로스 테크·닛케이 일렉트로닉스)

034

XR HMD
(확장현실 헤드 마운트 디스플레이)

머리에 씌우면 영상과 현실을 겹쳐서 볼 수 있음

기술 성숙 레벨 | **고**　　2030 기대지수 | **28.8**

현실 공간에 가상 공간을 겹쳐서 보는 XR(확장현실)을 체험할 수 있는 머리 착용형 디스플레이 장치다. 2024년 초에 출시되는 미국 애플의 '애플 비전 프로(Apple vision pro)', 2023년 가을에 출시된 미국 메타의 '메타 퀘스트 3(Meta Quest 3)'는 모두 가상 공간에서 놀기 위한 VR(가상현실) 기기에서, 일상에서도 계속 착용하고 현실 공간과 디지털 공간을 융합하는 기기로 진화하고 있다.

애플이 2023년 6월에 열린 세계 개발자 회의에서 발표한 비전 프로는 내장된 카메라로 촬영한 현실 세계에 컴퓨터 디스플레이 등을 투영해 마치 현실 세계에 떠 있는 것처럼 보이게 한다. 애플은 이를 '공간 컴퓨터'라고 부르고 있다.

한쪽 눈당 4K 이상의 해상도를 가진 초고화질 마이크로 유기

[자료 4-8] 메타가 2023년 가을에 발매한 '메타 퀘스트 3'
외부 컬러 카메라를 2개 탑재하여 XR에 대응한다. (출처: 메타)

[자료 4-9] 애플이 2024년 초에 출시할 '애플 비전 프로'
외부 디스플레이에 이용자 눈을 표시해 주위 사람들의 위화감을 줄이는 기능을 탑재한다. (출처: 애플)

EL 디스플레이를 탑재했다. 컴퓨터와 연결하면 마치 눈앞에 디스플레이가 있는 것처럼 선명하게 표시되어 위화감 없이 조작할 수 있다. 시선이나 제스처, 음성, 본체에 달린 버튼 등으로 조작하는 기존 VR HMD(가상현실 헤드 마운트 디스플레이)가 반드시 필요로 했던 핸드 컨트롤러를 사용하지 않는다.

내부 카메라로 눈의 움직임을 인식해 착용한 상태에서 전면에 내장된 디스플레이에 사용자의 눈을 표시하는 기능인 '아이 사이트(Eye Sight)'를 탑재, HMD를 착용한 상태에서도 주변 사람들이 크게 위화감을 느끼지 않도록 했다고 한다.

같은 6월, 메타가 발표한 '메타 퀘스트 3'는 4메가 픽셀의 외부 컬러 카메라 2개와 심도 센서를 탑재해 XR에 대응한다. 메타는 2022년 출시한 퀘스트 시리즈의 상위 버전인 '메타 퀘스트 프로'에도 컬러 지원 카메라를 여러 개 탑재하는 등 XR에 집중하기 시작했다.

2023년 1월, 미국 라스베이거스에서 열린 CES 2023과 2월 스페인 바르셀로나에서 열린 모바일 박람회 MWC Barcelona 2023에서 중국, 일본 업체들이 전시한 시제품에서도 외부 카메라와 투과형 안경을 사용한 XR 지향적인 HMD가 눈에 띄었다.

— 시마즈 쇼(실리콘밸리 특파원)

035

입체 음향

음원에 위치 정보를 더해 현장감 있는 음장 구현

:
:
:
:
:
:

기술 성숙 레벨 | 고   2030 기대지수 | 4.8

라이브 공연장이나 집회 현장에 있는 듯한 체험을 할 수 있는 음향 기술이다. 연주 장소, 노래하는 장소 등에서 소리가 나오는 것처럼 설정하여 전달할 수 있어 아티스트의 연주에 둘러싸여 있는 듯한 체험을 할 수 있다. 음악, 게임, 영상, 모빌리티(차량 내 공간) 등 다양한 영역에서 활용될 수 있다.

소니는 2023년 3월부터 5월 말까지 우타다 히카루의 라이브 음원을 재전송했다. 음원은 2023년 1월 19일에 실시간 방송된 것으로, 소니의 입체 음향 기술인 '360 리얼리티 오디오(360 Reality Audio)'를 사용했다. 시청은 스마트폰 전용 앱 '360 리얼리티 오디오 라이브'와 일반 헤드셋을 사용한다. 같은 스튜디오에 있는 것처럼 생생한 사운드를 즐길 수 있다. 아티스트나 사운드 엔지니어가 의도한 사운드를 만들 수 있고, 이를 시청자에게 전달할 수

[자료 4-10] CRI 미들웨어 입체 음향 스튜디오
(출처: CRI 미들웨어)

있다. 소니는 음악 관계자들과 협력해 360 리얼리티 오디오의 실시간 스트리밍 사업화를 목표로 하고 있다. 유럽과 미국에서는 2019년부터, 일본에서는 2021년부터 360 리얼리티 오디오를 사용하여 녹음된 음원의 스트리밍을 해 온 사례가 있다.

또한 CES 2023에서 소니·혼다 모빌리티의 EV(전기차) '아필라'와 360 리얼리티 오디오를 조합한 데모를 시연했다. 음성 및 영상 분야 미들웨어를 개발하는 CRI 미들웨어는 2022년 8월, 메타버스 공간에서 대화할 수 있는 'CRI 텔레서스(CRI TeleXus)'의 정식 서비스를 시작했다. 전후좌우 등 다양한 방향에서 대화하는 느낌을 재현할 수 있다.

2023년 1월에는 한국 롯데그룹의 캐리버스(Carrieverse)와 차세대 메타버스 구현을 위한 공동 연구를 진행한다고 발표했다. 롯데그룹이 추진하는 차세대 메타버스 사업에서 이용자의 몰입감을 높이는 음성·영상 기술을 공동 연구한다.

메타버스 공간에서의 대화에서는 마치 그곳에 있는 듯한 현장감과 실재감이 중요해진다. 실시간 입체 음향 처리를 도입한 다자간 음성 채팅을 개발 중으로, 여러 사람이 동시에 대화하는 장면에서도 구분할 수 있도록 한다.

CRI 미들웨어는 영화에서도 사용되는 미국 돌비의 '돌비 애트모스(Dolby ATMOS)'를 사용해 머리 뒤쪽이나 머리 위에서도 소리가 들리는 듯한 공간감이 느껴지는 입체음향 음원 제작도 진행한다. 또한 이 기술을 게임이나 모빌리티 사업에 적용한다.

– 아즈마 타쿠(트렌드 미디어 유닛)

036

핵융합

중수소 등을 융합해 고에너지를 내며,
실용화는 2030년대라는 견해가 있음

:
:
:
:

기술 성숙 레벨 | **중**   2030 기대지수 | **43.3**

핵융합로는 원자핵끼리 반응시켜 거기서 튀어나온 입자가 가지고 있는 에너지를 회수하는 장치다. 세계 각국에서 핵융합로 개발 속도가 빨라지고 있다. 1g의 연료로 석유 8톤에 해당하는 막대한 에너지를 얻을 수 있는 것으로 알려져 있으며, 실현된다면 전 세계가 안고 있는 에너지 문제를 해결할 수 있을 것으로 보인다.

핵융합 발전의 상용화를 위해 각국 정부 주도의 연구 프로젝트가 진행되고 있으며, 최근에는 핵융합 발전 관련 스타트업의 창업이 잇따르고 있다. 기초 연구의 진전으로 상용화가 가시화되면서, 기업들의 참여와 개발이 더욱 가속화될 것으로 보인다. 핵융합은 '지상의 태양'으로도 불리는 차세대 에너지 기술이다. 발전 적용은 2050년 이후가 될 것으로 예상됐지만, 기업의 참여가 늘어나

기업	조달액
커먼웰스퓨전시스템즈(미국)	20억 달러 이상
헬리온에너지(미국)	20억 달러
TAE 테크놀로지스(미국)	10억 달러 이상
제너럴퓨전(캐나다)	3억 달러 이상
토카막에너지(영국)	2.5억 달러

[자료 4-11] 핵융합 스타트업 자금 조달의 예
(출처: 각 회사의 발표를 바탕으로 닛케이 크로스 테크가 작성)

면서 실현 시기가 '2030년대 후반에서 2040년대로 앞당겨질 것' 이라는 기대가 높아지고 있다.

핵융합 반응은 중수소와 삼중수소를 고온·고압 하에서 융합시켜 일으킬 수 있다. 중수소는 바닷물에 풍부하게 함유되어 있으며, 이를 회수하는 기술도 확립되어 있다. 반면 삼중수소는 자연에는 거의 존재하지 않지만, 바닷물에 포함된 리튬에 핵융합 반응에서 발생하는 중성자를 조사하면 생성할 수 있다. 석유나 천연가스와 달리 자원의 편중이 적어 이상적인 차세대 에너지로 주목받고 있다.

핵분열 연쇄반응을 이용하는 원자력발전에 비해 핵융합은 연료 투입을 멈추면 반응도 멈추기 때문에 상대적으로 제어가 용이하다. 연료인 삼중수소와 핵융합로는 방사선 위험이 있지만, 원자력발전에 사용하는 핵연료에 비해 위험성이 낮다. 반감기(방사성 물질의 양이 절반으로 줄어드는 시간)도 짧아 원자력발전과 같은 고준위 방사성 폐기물을 배출하지 않는다.

핵융합에 도전하는 스타트업이 늘고 있다. 업계 단체인 퓨전인

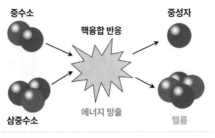

[자료 4-12] 핵융합 반응의 구조
수소의 동위원소(중성자수가 다른 것)인 중수소(듀테륨)나 삼중수소(트리튬)를 사용한다. (출처: 닛케이 크로스 테크)

더스트리협회(FIA)에 따르면, 2022년까지 30개 이상의 기업이 창업했다. 예를 들어, 미국 매사추세츠공대(MIT) 출신의 커먼웰스퓨전시스템즈(Commonwealth Fusion Systems)는 2021년까지 약 20억 달러(약 2,600억 엔)를 조달했다. 마이크로소프트 창업자 빌 게이츠, 아마존닷컴 창업자 제프 베이조스 등이 이러한 스타트업에 투자하고 있다.

조달한 자금을 활용해 스타트업이 자체 핵융합로를 개발하려는 움직임도 나타나고 있다. 원자로를 먼저 건설해 2030년대에 핵융합 발전의 정상 가동을 실현하겠다는 야심찬 목표를 내세우는 스타트업도 있다.

핵융합 발전을 실현하기 위한 기술적 과제는 섭씨 수억 도에 달하는 고온의 플라즈마를 안정적으로 생성하고 유지하는 것이다. 이를 실현하기 위한 방법으로 '자기장 가두기 방식'과 '레이저 방식(관성 가두기 방식)'이 연구되고 있다.

자기장 가두기 방식은 자력을 이용해 고온의 플라즈마를 가두어 유지하여, 용광로(furnace)가 열로 인해 파손되지 않도록 하는

명칭	ITER (이터)	원형로 JA DEMO	NIF
방식	자기장 가두기	자기장 가두기	레이저
참가 조직	일본, 유럽, 미국, 러시아, 한국, 중국, 인도	일본 국내 대학과 기업으로 구성된 특별팀	미국 로렌스 리버모어 국립연구소(LLNL)
위치 설정	기술적 실증 (발전하지 않음)	발전을 위한 기술· 경제적 실증	기술적 실증
계획	2025년에 운전을 개시. 2035년 핵융합의 운전 개시 예정.	2035년경 공학적 설계를 완료하고 건설 개시 예정.	실증 실험 진행 중. 상용화는 2040년대 이후 예상.

[자료 4-13] 세계의 주요 핵융합 발전 프로젝트
(출처: 각 프로젝트의 정보를 바탕으로 닛케이 크로스 테크가 작성)

방식이다. 도넛 모양의 플라즈마를 형성하는 '토카막형'과 나선형 플라즈마를 형성하는 '헬리컬형'이 있다. 세계 핵융합 발전 연구에서는 토카막형 연구가 널리 채택되고 있다. 미국, 유럽, 중국, 한국, 러시아, 인도 등이 참여하는 대형 국제 프로젝트가 대표적이며, 세계 최대 규모의 핵융합 실험로 '이터(ITER)' 건설이 프랑스에서 진행되고 있다.

반면 레이저 방식은 구형 연료에 다수의 레이저를 동시에 조사해 가열·압축해 순간적으로 핵융합 반응을 일으킨다. 반응이 일어나는 핵융합로 자체가 작고, 연료 투입량에 따라 출력을 조절할 수 있어 소형화가 가능하다. 오사카대 레이저과학연구소, 미국 로렌스리버모어 국립연구소의 국립점화시설(NIF, National Ignition

Facility) 등이 앞서 있다.

ITER 프로젝트에서는 2025년경 플라즈마를 안정적으로 생성하는 연구에 착수한다. 핵융합 반응을 일으키는 본격 가동은 2035년경으로 예정되어 있다. 각국 정부는 ITER의 성과를 바탕으로 발전에 적용할 수 있는 '원형로' 개발에 착수한다. 미국과 영국은 2040년대까지 원형로를 건설할 계획이다. 레이저 방식도 상용화에 "앞으로 20~30년은 더 걸릴"(로렌스리버모어 국립연구소) 전망이다.

─ 사토 마사야(닛케이 크로스 테크·닛케이 기술 예측)

037

고온가스로

세라믹 소재를 사용하여 1,000℃ 정도의 열을
추출할 수 있는 원자로

:
:
:
:
:
:

기술 성숙 레벨 | 고   2030 기대지수 | 5.9

고온가스로(HTGR, High Temperature Gas Reactor)는 750℃에서
900℃ 정도의 높은 온도를 추출할 수 있는 차세대 원자로이
다. 원자력발전소에서 일반적으로 사용돼 온 대형 경수로에
서는 냉각재 출구 온도가 300℃ 정도였다. 이 초고온의 열을
이용하면 이산화탄소(CO_2)를 배출하지 않고 수소를 생산할
수 있어, 제철 등 산업 분야에서의 활용이 기대되고 있다. 일
본을 비롯한 세계 각국에서 개발이 진행되고 있으며, 중국이
실증로를 통한 발전에서 앞서 나가고 있다. 최근에는 고온가
스로 상용화를 목표로 하는 벤처기업도 등장했다.

고온가스로는 경수로와 같은 열중성자로의 일종으로 여겨지지
만, 원자로의 구성 요소에 차이가 있다. 고온가스로는 감속재로
흑연재를, 냉각재로 헬륨(He) 가스를 각각 사용한다. 경수로에서

[자료 4-14] 고온가스로(블록형)의 예
일본 원자력연구개발기구의 고온 공학 시험 연구로(HTTR). 900℃ 이상의 고온을 추출할 수 있다.
(출처: 일본 원자력연구개발기구)

는 감속재와 냉각재를 모두 경수(일반 물)를 사용한다.

핵연료 방식에도 차이가 있다. 고온가스로의 연료는 소구체의 우라늄 연료에 세라믹을 입힌 직경 약 1mm의 피복관 연료 입자를 사용한다. 만약 사고가 발생해 연료가 고온에 노출되더라도 세라믹의 내열온도 이하라면 부서지지 않고 방사성 물질을 가둬 둘 수 있다. 한편, 경수로의 경우 '비등수형 경수로(BWR)'나 '가압수형 경수로(PWR)'도 모두 높이 약 10mm의 원통형 연료 펠릿을 길쭉한 금속제 연료봉(연료 피복관)에 넣어 사용한다.

고온가스로 방식에는 블록형(Block Type)과 페블베드형(Pebble Bed

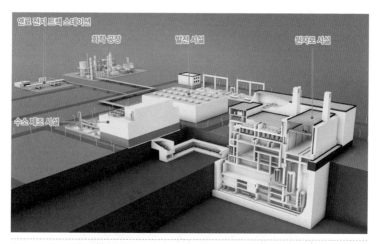

[자료 4-15] 고온가스로를 활용한 수소 제조 이미지
일본 경제산업성 자원에너지청은 2030년대에 고온가스로 실증로 가동을 목표로 하고 있다. 미쓰비시중공업이 중심이 되어 연구개발·설계·건설을 담당한다. (출처: 미쓰비시중공업)

Type)이 있다. 둘 다 앞서 언급한 피복관 연료 입자를 사용한다는 점에서는 동일하지만, 이용 방식에 차이가 있다.

블록형으로는 일본 내에는 일본 원자력연구개발기구(JAEA)가 1998년에 '고온공학시험연구로(HTTR, 열출력 30MW)' 운전을 시작했다. 피복관 연료 입자를 다수 포함하는 원통형 연료 콤팩트를 제작하여 흑연 블록 내에 설치한다.

페블베드형은 피복관 연료 입자를 직경 약 6cm의 흑납구에 가두고, 이 흑납구를 원자로 상부에서 낙하 이동시키면서 운전한다. 원자로의 운전을 멈추지 않고 연료를 공급하거나 배출할 수 있다. 미국 원자력 스타트업 X에너지가 개발 중인 X2-100과 중국에서 2021년 12월 발전을 시작한 HTR-PM 등이 페블베드형으로 분류된다.

고온 이용 가능성, 높은 안전성 등 다양한 장점을 가진 고온가스로이지만, 경수로에 비해 불리한 측면도 있다. 일단 대형화가 어렵다. 고온가스로는 경수로와 같은 출력을 얻으려는 경우 노심 부피가 커지는 경향이 있어 발전비용이 경수로보다 높아진다는 견해가 있다. 게다가 고온을 뽑아낼 수 있다고 해도, 그 고온을 이용해 무탄소 수소를 대량으로 저렴하게 제조하는 기술의 실용화는 아직 멀었다.

일본 정부가 제시한 원자력산업 공정표에 따르면, 우선 HTTR을 활용해 2030년까지 무탄소 수소 관련 기술 개발을 추진한다. 그 후, 2040년경까지 고온가스로 실증로를 건설해 가동에 들어간다. JAEA는 2022년 4월 미쓰비시중공업과 공동으로 HTTR을 이용한 수소 제조 실증사업을 시작한다고 발표했다.

고온가스로 상용화를 목표로 하는 벤처기업도 등장했다. 2022년 4월 사업을 시작한 블러썸에너지(Blossom Energy)는 고온가스로 팹리스(Fabless) 제조업체로, 소형 고온가스로 8기를 클러스터링한 발전 시스템 개발을 목표로 하고 있다. 2035년 일본 국내 1호기 가동을 시작하는 것이 이 기업의 당면 목표다.

— 후지 소우지(닛케이 크로스 테크·닛케이 제조)

038

공기와 태양광으로
암모니아 합성

수소를 사용하지 않고 상온 상압에서
생산할 수 있는 가능성 보유

⋮

기술 성숙 레벨 | 저   2030 기대지수 | 21.0

태양광 에너지를 이용해 공기와 물에서 상온 상압으로 암모
니아를 생성한다. 실용화되면 주택 등의 지붕에 설치한 반응
장치로 태양광을 암모니아로 변환해 저장할 수 있게 된다.
암모니아는 태워도 이산화탄소를 발생시키지 않고 쉽게 수
소를 뽑아낼 수 있어, 탄소 중립 시대의 에너지 운반체로 주
목받고 있다.

도쿄대 대학원과 큐슈대, 다이토대 연구팀이 태양광 에너지를 이
용해 공기와 물에서 상온 상압으로 암모니아를 생성하는 반응의
길을 여는 기술을 개발했다. 최종 목표는 질소 분자를 몰리브덴
분자 촉매로 분해해 질소 원자로 만들고, 여기에 태양광 에너지
로 물을 분해해 얻은 수소 원자를 더해 암모니아를 생성하는 것
이다.

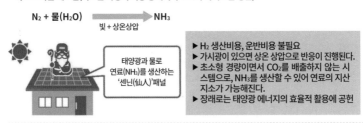

목표로 하는 제조법(목표는 가정의 지붕 등에서의 NH₃와 아미노산 생산)

$N_2 + 물(H_2O)$ ⟶ NH_3

빛 + 상온상압

태양광과 물로
연료(NH_3)를 생산하는
'센닌(仙人)'패널

▶ H_2 생산비용, 운반비용 불필요
▶ 가시광이 있으면 상온 상압으로 반응이 진행된다.
▶ 초소형 경량이면서 CO_2를 배출하지 않는 시스템으로, NH_3를 생산할 수 있어 연료의 지산지소가 가능해진다.
▶ 장래로는 태양광 에너지의 효율적 활용에 공헌

[자료 4-16] 신기법이 지향하는 '지붕 위 암모니아 제조패널'
태양광과 물과 공기에서 상온 상압으로 암모니아(NH_3)를 생성할 수 있기 때문에, 주택 지붕 위 등에 설치한 소형 장치로 태양광 에너지를 암모니아로 변환할 수 있다. (출처: 닛케이 크로스 테크)

연구 그룹의 한 축을 담당하는 도쿄대 니시바야시 요시아키 교수(대학원 공학계 연구과 응용화학전공) 등의 연구팀은 콩과 식물의 뿌리에 서식하는 근립균이 공기 중의 질소를 고정해 암모니아를 생성하는 기능에서 힌트를 얻어 몰리브덴 분자 촉매를 개발했다.

2019년에 질소와 물에서 상온 상압으로 암모니아를 생성하는 실험에 성공했으며, 처음에는 생성 반응 11회 분량으로 짧았던 분자 촉매의 수명을 6만 회 생성까지 견딜 수 있도록 점차 개량해 왔다.

다만, 이 반응에서는 수소 이온의 공급원으로 물이 아닌 디히드로아크리딘을 사용했지만, 니시바야시 교수에 따르면 촉매의 개량 등을 통해 디히드로아크리딘을 물로 대체하는 것이 가능하다고 한다.

이 새로운 암모니아 생성 기법은 수소를 생성할 필요가 없고, 반응 전 과정에서 이산화탄소를 발생시키지 않으며, 상온 상압에서 반응이 가능하기 때문에 실용화 시 장비의 대폭적인 소형화를 기대할 수 있어 주택 지붕에 설치할 수 있을 것으로 보인다.

암모니아는 화학비료나 폭약의 원료로 공업적으로 생산되고 있지만, 공기 중의 질소와 수소를 고온·고압으로 반응시키는 방식을 취하고 있어 대규모 장비가 필요했다. 또한 원료인 수소를 천연가스나 석탄에서 얻은 메탄을 개질하여 생성하고 있으며, 이 과정에서 다량의 이산화탄소를 배출하고 있다.

— 노자와 테츠오(닛케이 크로스 테크·닛케이 일렉트로닉스)

039

인공 광합성

이산화탄소와 물에서 수소와 탄화수소를 생성

∶
∶
∶
∶
∶
∶

기술 성숙 레벨 | 저 　 2030 기대지수 | 40.2

이산화탄소와 물을 원료로 태양광 에너지를 이용해 수소, 메탄올, 포름산 등의 에너지 운반체(에너지를 저장하는 물질)와 수지 소재 등을 생성하는 기술이다. 이산화탄소를 공기 중에서 포집해 다른 물질로 전환하기 때문에, 탄소 중립을 실현할 수 있는 기술로 기대를 모으고 있다. 에너지원, 재료, 생성물의 조합이 식물의 광합성과 비슷해 인공 광합성이라는 이름으로 불리지만, 생성 과정 자체는 광합성과 전혀 다르다.

오사카공립대 아마오 유타카 교수의 연구팀은 농도가 수%~20%로 화력발전소 등의 배기가스 정도로 낮은 이산화탄소 가스와 유성 잉크를 처리한 폐아세톤을 원료로 생분해성 플라스틱 원료인 3-하이드록시뷰티르산(3-hydroxybutyric acid)을 합성하는 데 성공했다. 태양광에 해당하는 가시광선을 하루 동안 조사해 아세톤의 약

[자료 4-17] MOF-양자점 복합체로 제작한 인공 광합성 시트
(출처: GS얼라이언스)

70%를 3-하이드록시뷰티르산으로 변환했다. 3-하이드록시뷰티르산은 생분해성 플라스틱인 폴리히드록시낙산의 원료가 된다.

현재 연구 단계에 있는 이산화탄소를 자원으로 하는 인공 광합성 기술의 대부분은 고순도 이산화탄소를 사용하고 있다. 하지만 화력발전소 등의 배기가스에 포함된 저농도 이산화탄소를 활용하는 기술 개발이 실용화의 지름길이다.

GS얼라이언스(효고현 가와니시시)는 인공 광합성으로 연료나 화학 물질의 중간체 원료인 포름산(Formic acid) 합성과 이산화탄소 감축을 동시에 실현하는 새로운 방법을 개발했다. 포름산은 알켄과의 합성을 통해 다양한 화학제품의 원료가 될 뿐만 아니라, 액체이기 때문에 수소에 비해 저장이 용이한 에너지 운반체로서도 기대를 모으고 있다. 금속유기구조체(MOF)와 양자점을 복합화한 촉매를 부직포에 도포·고정시킨 '인공 광합성 시트'를 제작했다. 이 촉매로 이산화탄소를 흡착·회수하고, 태양광으로 환원해 포름산을 얻는다. 반응 후 용기에서 포름산이 담긴 물을 꺼내어 용기에 물을 넣으면 반응이 다시 시작된다.

저렴한 부직포에 촉매를 고정함으로써 공수 절감과 지속적인 포름산 추출을 가능하게 했다. 앞으로는 촉매 고정화 고안 및 합성 효율 향상에 힘쓸 예정이다.

인공 광합성의 실용화를 위한 과제로 에너지 변환 효율을 10% 정도까지 높이는 것이 있다. 일본에서 일반적인 광촉매로 물을 수소로 환원하는 방식의 변환 효율은 수 % 이하로 낮다.

— 코쿠보 시계노부(뉴스 프론트), 마츠다 치호(작가)

040

육상 양식

바닷물고기 등 수산물을 육상 수조에서 양식

.
.
.
.
.
.

기술 성숙 레벨 | 중   2030 기대지수 | 18.1

육상의 저수조 등에서 어패류를 양식하는 방식이다. 태양광
발전 시설 등과 결합하여 재생 가능 에너지로 양식 시설의
펌프 등을 가동하는 노력도 있다.

규슈 북서쪽 약 80km 떨어진 현해탄에 떠있는 이키섬은 남북 약
17km, 동서 15km, 남북으로 긴 거북이 모양이다. 2022년 여름,
섬 안의 고키시 내에 재생에너지와 수소 제조를 결합한 시스템
실증시설이 완성되었다. 고키시가 도쿄대 첨단과학기술연구센터
등과 제휴해 추진 중인 'RE 수소 시스템'이다.

 RE 수소 시스템은 육상 양식장 옆에 태양광 발전 시스템을 설
치해, 전력을 양식 시설에서 소비하는 동시에 잉여 전력으로 물
을 전기 분해해 수소와 산소를 제조하여 탱크에 저장한다. 야간
이나 흐린 날씨 등 태양광 발전이 출력되지 않는 시간대에 탱크

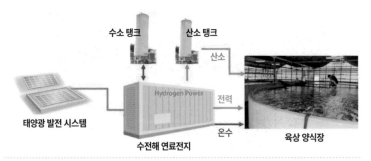

[자료 4-18] RE 수소 시스템의 구조
(출처: 이키시)

에 저장한 수소와 연료전지를 사용해 발전하여 양식장에 전기를 공급한다.

산소는 양식장 수조에 대한 폭기(물에 산소를 공급하는 것)에 활용한다. 이를 통해 수조에서의 양식 효율을 높일 수 있다. 수전해 장치와 연료전지의 배기열도 수조의 온도 조절에 사용한다.

RE 수소 시스템을 구성하는 설비는 태양광 발전 시스템(출력 168kW), 고체 고분자형 수전해 장치(에노아제·60kW) 수소탱크와 산소탱크, 연료전지 시스템(토요타 자동 직기제·16kW), 리튬이온 축전지 시스템(도시바제·60kW/20kwh) 등이다. 이들을 직류로 전력 변환기(DC-DC 컨버터)를 통해 연결한다. 파워 컨디셔너에서 교류로 변환되는 것은 수조의 펌프 동력을 공급하는 구내 계통뿐이다.

이키섬을 중심으로 건설업과 재생에너지 사업 등을 진행하는 나카하라가 보유한 육상 양식장에는 16개의 수조가 있고, 성어와 치어를 합쳐 약 5만 마리가 양식되고 있다. 그중 약 20%의 시설(약 10kW의 펌프 동력)에 RE 수소 시스템이 전력을 공급하고 있다. 맑

[자료 4-19] 육상 양식장에 인접한 168kW의 태양광 발전 설비
(출처: 닛케이BP 크리텍 랩)

은 날이면 태양광으로 100kW 이상을 출력할 수 있다.

특히, 나카하라의 육상 양식장에서는 RE 수소 시스템으로 생산하는 산소로 폭기량을 거의 모두 충당할 수 있게 됐다고 한다. 이렇게 생산한 복어를 나카하라는 'RE 후구'라는 브랜드로 출하하고 있다.

RE 수소 시스템 실증에는 온도, 습도, 일조량 등을 측정하는 센서와 함께 하늘의 구름 이미지를 촬영하는 카메라도 설치해, 실시간 기상 데이터를 수집하고 일사량을 예측하며 급격한 일조량 변화에 대비하여 운용을 제어하고 있다. 이를 통해 축전지 용량을 줄여도 시스템을 안정적으로 운영할 수 있는 노하우를 축적하고 있다고 한다.

이키섬이 RE 수소 시스템에 공을 들이는 것은 전원 구성에서 재생에너지 비율을 2030년 24%, 2050년 100%로 끌어올리겠다는 목표를 세웠기 때문이다. 이를 실현하기 위해 태양광과 해상 풍력을 통한 발전과 잉여 전력을 활용한 수소 제조를 내세우고

[자료 4-20] 육상 양식 수조에서 폭기(물에 산소를 주입)하는 모습
(출처: 닛케이BP 크리텍 랩)

있다.

이키섬에는 높은 산이 없어 구름의 체류가 적고, 일조시간과 일사량이 미야자키현에 버금가는 데다 풍황도 좋아 태양광과 풍력 발전 모두에 적합하다. 이미 나카하라가 메가솔라(대규모 태양광발전소)와 대형 풍력발전소를 건설하여 운영하는 등 섬 내에는 8MW의 태양광발전소와 2MW의 풍력발전소가 가동되고 있다. 다만, 섬 내에는 주택이 비교적 분산되어 있어 육상에 더 이상 대형 풍차를 세우면 소음 대책이 문제가 되기 때문에, 해상 풍력발전에 기대를 걸고 있다.

또 다른 문제는 잉여 전력의 사용처이다. 현재 고키시와 규슈 본섬을 연결하는 해저 케이블이 없기 때문에 본토로 보낼 수 없어 출력을 억제할 수밖에 없다. 잉여 전력을 수소 제조나 육상 양식에 사용하면 재생에너지를 더 많이 도입할 수 있을 것이다.

― 가네코 켄지(닛케이BP 종합연구소 크린테크 랩)

041

소프트 로봇

생물처럼 유연하게 움직이며, 점검 등에 활용

:
:
:
:
:

기술 성숙 레벨 | 중   2030 기대지수 | 17.5

이름 그대로 부드러운 로봇을 말한다. 기존 로봇에 비해 유연한 움직임이 가능하다. 사람과 부딪혀도 상처를 주기 어렵다. 인간과 로봇의 공생 시대를 위한 기술로서 개발이 진행되고 있다.

브리지스톤(Bridgestone)과 어센트로보틱스(Ascent Robotics)는 2023년 2월 1일, 자본 업무 제휴를 체결했다고 밝혔다. 브리지스톤의 타이어로 쌓은 노하우를 살린 로봇 손에 어센트로보틱스의 AI 이미지 인식 기술을 결합한다. 이르면 2024년, 소규모 사업화를 목표로 한다.

브리지스톤이 개발한 로봇 손은 연체동물의 촉수처럼 생겼으며, 다양한 형태의 물체를 잡을 수 있다. 고무 소재가 잡는 대상의 개체 차이를 흡수하기 때문에 액추에이터나 센서가 고정밀도가 아니더라도 대상에 맞는 적절한 힘으로 물건을 잡을 수 있다

[자료 4-21] 어센트로보틱스의 구다라기 켄 CEO(왼쪽), 브리지스톤 소프트로보틱스벤처스의 오노야마 노리카즈 CEO(오른쪽)
오노야마 씨가 손에 들고 있는 것이 로봇 손이다. (출처 : 닛케이 크로스 테크)

고 한다. 물류창고나 상품 출고 용도를 예상하고 있다.

"어센트로보틱스에 대한 투자 금액은 5억 엔이다. 브리지스톤이 모빌리티 분야가 아닌 기업에 출자하는 것은 이번이 처음이다"라고 브리지스톤 소프트로보틱스벤처스의 오노야마 노리카즈 CEO 겸 탐사사업개발 제1부문장은 말한다. 소프트로보틱스벤처스는 브리지스톤이 203년 1월, 사내 벤처로 만든 기업이다.

"미래는 분명 이것이라고 생각했다. 왜 제품이 나오지 않는지 신기했다." 어센트로보틱스의 구다라기 켄 대표이사 겸 CEO는 소프트 로봇을 이렇게 평가한다. 구다라기 대표는 소니 그룹에서 플레이스테이션 개발을 지휘한 경력을 갖고 있다. 1년 반 전에 오노야마 씨를 만나 제품 디자인 등의 측면에서 조언을 해왔다. 그는 "앞으로 소량 다품종 시대에 소프트 로봇에 대한 수요는 있을 것"이라고 자신감을 보였다.

— 쿠보타 류노스케(닛케이 크로스 테크·닛케이 일렉트로닉스)

042

하이퍼 스펙트럼 영상 촬영

사람의 눈으로는 감지할 수 없는
연속적인 색상 변화를 감지

:
:
:
:
:

기술 성숙 레벨 | 중　**2030 기대지수 | 4.8**

빛의 색 정보(파장)를 육안이나 컬러 카메라(RGB 카메라)보다 더 세밀하게 획득하는 기술이다. 획득한 이미지 데이터를 컴퓨터로 분석하면 사람의 눈으로는 알 수 없는 재질이나 표면 상태의 차이를 판별할 수 있어, 비파괴 검사 등에 사용할 수 있다.

하이퍼 스펙트럼 영상 촬영을 통해 식품 제조 공장에서 외관 검사로는 발견할 수 없는 신선도 확인, 이물질 혼입 검출, 특정 화학물질이나 수분 함량 확인, 식품 팩의 밀폐 확인 등을 할 수 있게 된다.

　파나소닉은 2023년 1월, 하이퍼 스펙트럼 영상 카메라의 감도를 기존보다 10배 높이는 기술을 개발했다고 발표했다. 지금까지 촬영이 어려웠던 실내 조명(550룩스) 정도의 밝기에서도 하이퍼 스

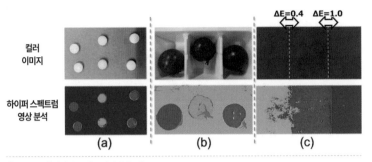

[자료 4-22] 하이퍼 스펙트럼의 응용 예
사람의 눈으로는 판단이 어려운 알약 판별(a), 토마토 당도 추정(b), 도장 얼룩 감지(c)에 사용할 수 있다.
(출처: 파나소닉)

펙트럼 이미지를 촬영할 수 있다.

파장별로 반사율을 제어할 수 있는 '분산형 브래그 반사기(DBR)'를 이용한 특수 필터를 새롭게 개발하고, 이를 통해 촬상소자(디지털카메라에서 필름과 같이 이미지를 인식하는 센서–옮긴이)가 얻은 정보를 GPU(영상 처리 반도체)로 연산 처리해 파장 분리와 원본 데이터를 복원한다. 450~650nm의 가시광선 영역에 대응하며, 이 범위에서 20개 파장의 정보를 획득할 수 있다.

새로운 방식은 감도가 높아 30fps(초당 프레임) 이상의 프레임 속도로 동영상을 촬영할 수 있다. 가시광 영역에 대응하고 있지만, 분산형 브래그 반사기의 설계에 따라 적외선에도 대응할 수 있다.

NTT는 2022년 10월, 일반 디지털 카메라로 하이퍼 스펙트럼 영상을 취득하는 기술을 개발했다고 발표했다. 표면에 수백 nm 크기의 빛을 투과하는 구조체가 늘어선 메타렌즈를 제작했다. 이를 디지털 카메라에 장착해 촬영하면 컬러 이미지이면서 물체의 파장 정보가 압축된 이미지를 얻을 수 있다. 이 압축 이미지에서 AI로 스펙트럼 이미지를 추정하여 고속·고정밀도로 이미지를 재구성한다.

NTT는 HD 해상도·30fps의 조건에서 45개 파장 대역의 하이퍼 스펙트럼 이미지를 촬영할 수 있다는 점과 동영상 촬영이 가능하다는 점을 각각 확인했다.

− 아오타니 유헤이(닛케이 크로스 테크),
마츠다 치호리(작가)

043

구형 기어

XYZ의 3방향으로 자유롭게 회전할 수 있는
모터 등을 제작

:
:
:
:
:
:

기술 성숙 레벨 | 중   2030 기대지수 | 5.7

구체의 전면에 요철의 '톱니'를 촘촘히 배열하고, 맞물린 두
개의 작은 톱니바퀴에서 동력을 얻어 어느 방향으로든 무제
한으로 돌릴 수 있는 기어다. 야마가타대학과 도호쿠대학 연
구팀이 개발했다. 단일 메커니즘으로 회전 3 자유도를 얻을
수 있기 때문에 소형 경량의 액추에이터로서 응용이 기대된
다. 가네마츠와 함께 실용화를 위한 개발을 진행하고 있으
며, 2025년까지 양산 체제 구축을 목표로 하고 있다.

구형 기어(Spherical Gear)는 회전 3 자유도를 갖는 액추에이터 '구면
모터'의 심장부로 기대를 모으고 있다. 예를 들어, 로봇 팔의 관
절 기구나 드론에 탑재되는 카메라의 회전 기구 등에 적용될 것
으로 예상된다. 회전 3 자유도를 얻는 메커니즘은 이전에도 있었
지만, 구형 기어는 이에 비해 구조가 간단하고 소형화, 경량화가

[자료 4-23] 구형 기어를 2개의 안장 기어로 구동하는 '구형 모터'
축 방향과 비틀림 방향의 두 종류의 회전이 가능한 '안장 기어'라고 부르는 특수한 작은 기어 2개를 조합하여 자유자재로 움직일 수 있다.
(출처: 타다쿠마 겐지로 교수)

[자료 4-24] 야마가타대학과 도호쿠대학의 연구팀이 개발한 '구형 기어'
구체 전면에 요철 모양의 톱니가 촘촘히 박혀 있어, 회전 3 자유도로 어느 방향으로든 무제한으로 돌릴 수 있다.
(출처: 닛케이 크로스 테크, 촬영: 스튜디오 캐스퍼)

가능하다. 관성력이 작아 고속화 및 위치제어에 유리하고, 기어이므로 동력 전달 손실이 적다.

안장형 기어라고 부르는 특수한 작은 톱니바퀴 2개와 결합하여 구동한다. 안장형 기어는 축을 따라 도는 피치 회전과 기어 자체를 비틀어 돌리는 롤 회전의 두 가지 움직임이 가능하다. 안장형 기어가 축 방향으로 한 바퀴 돌면, 구형 기어가 반 바퀴 회전하는 기어비이며, 두 개의 안장형 기어의 두 가지 움직임으로 구상 기어를 자유자재로 움직일 수 있다.

현재는 알루미늄 합금을 5축 머시닝 센터로 가공하여 제조하는 방식을 취하고 있으며, 금속으로 만든 시제품도 존재한다. 초기 시제품은 엔지니어링 플라스틱으로 저렴하게 제조할 수 있었지만, 로봇 팔 등 부하가 큰 용도로는 강도나 내구성이 부족할 위험이 있었다.

 야마가타대학 대학원 이공학연구과 타다쿠마 리이치로 교수, 도호쿠대학 터프 사이버 피지컬 AI 연구센터의 타다쿠마 겐지로 부교수, 같은 센터의 아베 카즈키 특임조교 그룹이 개발했다. 아베 특임조교가 야마가타대학 학부 4학년이던 2017년에 제안, 기존의 그룹이 이전에 개발한 회전 2 자유도 구형 기어를 발전시켜 '10년에 걸쳐' 개발했다.

— 쿠보타 류노스케(닛케이 크로스 테크·닛케이 일렉트로닉스)

044

수지의 화학적 재활용

후미등 등에 사용되는 아크릴 수지 폐기물을
화학 분해하여 원료로 되돌림

:
:
:
:
:

기술 성숙 레벨 | 중   2030 기대지수 | 10.7

사용이 끝난 수지 등을 화학적으로 분해해 원료로 되돌리는
기술로, 종합 화학업체들이 앞다퉈 나서고 있다. 화학적 재활
용을 통한 재생은 화석자원을 원료로 새로운 버진재(비재생재료)
를 제조하는 것에 비해 온실가스 배출을 억제할 수 있기 때문
에, 각 업체는 탄소 중립에 대한 대응 방안의 하나로서 자리
매김하고 있다. 미쓰비시케미컬그룹은 폐기되는 자동차 부품
에서 회수한 아크릴 수지를 화학적으로 재활용해 새것과 동
등한 원료로 자동차 제조사 등에 판매하는 사업에 착수했다.
스미토모화학도 마찬가지로 사용이 끝난 아크릴 수지의 화학
적 재활용을 위해 노력하고 있으며, 실증 설비를 개설했다.

미쓰비시케미컬그룹은 2024년 내로 일본 국내에서 아크릴 수지
의 재활용 설비를 가동할 계획이다. 아크릴 수지는 자동차 후미등

사용이 끝난 자동차에서 아크릴 수지 부품을 회수

마이크로파로 열분해 →

후미등

새제품에 준하는 아크릴 수지 원료로 환원하여 판매

모노머(MMA)

폴리머(PMMA)

[자료 4-25] 자동차의 후미등에 사용되는 아크릴 수지를 원료로 되돌린다
미쓰비시케미컬그룹은 자동차의 수지 부품을 회수해, 분자 수준까지 분해하는 화학물질 재활용을 추진하고 있다.
(출처: 미쓰비시케미컬그룹의 자료를 바탕으로 닛케이 크로스 테크가 작성)

등에 사용되는데, 이 폐기물을 화학적으로 재활용하는 것이다. 지금까지 폐기된 후미등은 주로 소각해 연료로 활용하는 것이 주를 이뤘고, 아크릴 수지의 화학적 재활용은 진행되지 않았다.

자동차 제조사를 중심으로 아크릴 수지 재생품에 대한 수요가 증가하고 있다. 화학적 재활용을 하는 것은 새 제품 생산에 비해 비용이 많이 들지만, 특히 유럽에서는 재활용과 탈탄소화 등 친환경 소재에 대한 요구가 강하다.

폐기물 처리 측면에서도 재활용에 대한 수요가 증가하고 있다. 아크릴 수지는 자동차 부품 외에도 비말 방지용 패널에도 사용되고 있다. 코로나19 사태가 진정되면서 음식점 등에서 대량 폐기 움직임이 있어, 폐기물을 취급하는 사업자로부터 재활용에 대한 상담이 증가하고 있다고 한다.

미쓰비시케미컬그룹은 아크릴 수지를 화학적으로 재활용하기 위해 마이크로파 가열 기술을 가진 마이크로파케미컬과 연구개발을 진행하여. 마이크로파를 이용해 열분해하는 방식을 확립했

[자료 4-26] 스미토모화학이 신설한 화학적 재활용 실증 설비
사용이 끝난 아크릴 수지 등을 화학적 재활용 하는 설비를 에히메 공장 내에 건설했다. (출처: 스미토모화학)

다. 사용한 아크릴 수지에 마이크로파를 쬐어 분자를 진동시켜 열분해하여 원료인 모노머로 되돌리는 방식이다. 가마솥에 수지를 넣고 간접적으로 버너로 가열해 분해하는 방식도 검토했지만, 마이크로파를 사용하는 것이 더 순도 높은 원료를 얻을 수 있었다고 한다.

열분해에는 전기를 사용하기 때문에 재생품 제조 공정에서의 이산화탄소 배출량을 신품 제조보다 약 70% 줄일 수 있다. 2021년부터는 혼다 등과 협력하여 이 방식으로 사용이 끝난 후미등을 화학적으로 재활용하여 동일한 제품을 제조하는 실험을 진행하고 있다. "투명성을 비롯해 신품과 동등한 수준의 성능을 유지하는 것을 확인할 수 있었다"고 미쓰비시케미컬그룹은 밝혔다.

스미토모화학도 아크릴 수지의 화학적 재활용을 위해 에히메 공장(에히메현 니이하마시)에 실증 설비를 신설하고, 2023년 봄부터 화학적 재활용한 샘플 제품을 제공하기 시작했다. 스미토모화학은 일본제철과 함께 열분해를 통해 원료인 MMA(메틸 메타크릴레이트) 모노머로 재생하는 기술을 개발했다. 이축 혼련 압출기를 이용해 아크릴 수지를 가열해 용융하고 혼련하여 압출하는 방식으로 고효율로 재생한다. 재생한 MMA 모노머는 화석자원을 원료로 한 신품과 동등한 품질로, 제품 라이프사이클 전반의 온실가스 배출량을 60% 이상 줄일 수 있을 것으로 기대된다.

이 외에도 스미토모화학은 마루젠석유화학(도쿄도 주오구)과 공동으로 폴리에틸렌, 폴리프로필렌 등 폴리올레핀계 플라스틱에 대해서도 화학적 재활용을 추진하고 있으며, 2030년까지 원료를 고효율로 직접 제조하는 기술을 확립하는 것을 목표로 한다.

— 나가바 케이코(닛케이 크로스 테크·닛케이 제조)

5장

모빌리티

재생 가능 에너지
이용에 도전

수소 엔진차

수소를 연료로 하는 내연 기관차

:
:
:
:
:
:

| 기술 성숙 레벨 | **중** | 2030 기대지수 | **30.1** |

가솔린 대신 수소를 연료로 사용하는 엔진으로 달리는 자동차를 지칭한다. 기존 엔진 기술을 거의 그대로 활용하면서도 탄소 중립을 실현할 수 있다는 점에서 주목받고 있으며, 특히 자동차 회사들이 열성적으로 추진하고 있다.

수소 엔진은 연료를 기존 가솔린이나 경유에서 수소로 대체한 내연기관(레시프로 엔진, Reciprocating Engine)이다. 기업이나 가정에서 배출하는 이산화탄소 등 온실가스를 줄이고 산림의 흡수분 등으로 상쇄해 실질적인 배출량을 제로화하는 탄소 중립 실현을 위한 움직임이 전 세계적으로 가속화되는 가운데, 자동차 제조사 등이 엔진의 생존책으로 수소 엔진을 택하고 있다.

유럽연합(EU)이 2035년 이후 엔진 차량의 신차 판매를 전면 금지하는 방침을 철회하고, 탄소 중립을 실현할 수 있는 합성연료

[자료 5-1] 토요타의 수소 엔진 경주차 'GR Corolla H₂ Concept'
국내외의 내구 레이스 등에 출전해 '수소 엔진 상용화'를 위한 과제를 파악하고 있다. 최신 모델은 연료인 수소를 액화해 탑재하는 방식으로 전환했다. (출처: 닛케이 크로스 테크)

(e-fuel)나 수소를 이용하는 엔진 차량의 지속적인 판매를 허용한 것도 호재로 작용하고 있다.

수소 엔진은 기존 레시프로 엔진 기술과 생산 설비를 활용할 수 있다. 수소에서 직접 동력을 얻을 수 있고, 새로운 연료 개발이 필요 없어 실용화에 가깝다. 수소는 지금 당장 연료로 사용할 수 있고, 조달하는 기술도 확립되어 있다.

회수한 이산화탄소와 수소, 그린전력으로 생성하는 합성연료가 엔진 수명 연장의 본보기로 주목받고 있지만, 아직은 개발 단계에 머물러 있다. 수소에서 전기를 뽑아내는 연료전지에 비해 직접 동력을 뽑아낼 수 있는 심플함에서 수소 엔진은 우위를 점하

수소 엔진차

기술 개요
- 수소를 연료로 하는 내연 기관차
- 원리적으로 주행 시 이산화탄소(CO_2)를 배출하지 않음

활용 이미지
- 탄소 중립을 실현하는 파워 트레인
- 승용차뿐만 아니라 대형 상용차 및 건설 기계 등에도 적용 가능

주요 기업
- 토요타자동차
- 독일 Bosch
- 미국 BorgWarner
- 리켄 등

보급을 향한 과제
- 내구성 확보
- 시스템의 소형화
- 수소 인프라 확충

[자료 5-2] '수소 엔진차' 개요
(출처: 닛케이 크로스 테크)

고 있다.

 하지만 문제점도 있다. 상온에서는 기체 상태의 수소를 담을 수 있는 연료탱크를 어떻게 마련할 것인가. 고온연소나 이상연소, 부품의 열화를 유발하는 수소 취성에 대한 대책이 필요하다. 질소산화물(NOx) 배출량이 많은 것에 대한 대응도 필요하다.

 수소 엔진 실용화에 열심인 기업으로 토요타자동차가 있다. 2021년에는 코롤라(Corolla)를 개조해 수소 엔진을 탑재한 레이싱카 '수소 엔진 코롤라(GR Corolla H_2 Concept)'를 개발하여 레이스에 참가했다. 2022년에는 수소 엔진차를 향후 시판할 의향을 공식 발표하고, 수소 엔진 코롤라의 레이싱이 과제 발굴을 위한 상용화

[자료 5-3] 쿠보타가 개발 중인 산업용 수소 엔진
배기량 3.8L, 직렬 4기통 과급기를 부착한 엔진이다. (출처: 닛케이 크로스 테크)

개발의 일환이라고 밝혔다. 2023년 5월에는 탑재 연료를 액체 수소로 전환한 모델로 24시간 레이스를 완주했으며, 2026년부터 수소차 출전을 허용하는 '르망 24시 내구 레이스'에 출전하기 위한 프로토타입인 'GR H₂ Racing Concept'도 공개했다.

마쓰다는 2023년 7월, 엔진으로 발전기를 돌려 전기모터로 달리는 타입의 플러그인 하이브리드 자동차 'MX-30'을 유럽에서 출시했다. 이 자동차를 위해 11년 만에 부활시킨 로터리 엔진으로 미래의 수소 대응을 염두에 두고 있다. 로터리 엔진은 원래 수소와 궁합이 잘 맞아, 2006년에는 세계 최초로 수소 로터리 엔진 차량을 리스로 판매한 적도 있다.

야마하발동기 등 일본의 이륜차 4개사는 2023년 5월, 이륜차용 수소 엔진 연구개발에 협력한다고 발표했다. 수소 엔진에 관심이 많은 토요타와 수소 공급망 등에 노하우를 가진 가와사키중공업도 연구조합에 참여하는 체제로, 실용화를 목표로 하고 있다.

일본에서는 이 외에도 쿠보타와 미쓰비시중공업이 휴대용 발전기 및 자가발전장치용 수소 엔진 개발을 밝힌 바 있다. 유럽에서는 독일 보쉬가 열의를 보이고 있으며, 2023년 4월 개최된 유럽 최대 산업 전시회 '하노버 메세 2023(Hannover Messe 2023)'에서도 수소 엔진 관련 전시가 눈에 띄었다.

— 쿠메 히데나오(닛케이 크로스 테크·닛케이 자동차)

046

하이브리드 전용 엔진

다양한 차종에 탑재할 수 있는 범용성과
진동 감소 목표

:
:
:
:

기술 성숙 레벨 | **고**   2030 기대지수 | **4.3**

내연기관과 전기모터를 결합한 하이브리드 전용 엔진(DHE,
Dedicated Hybrid Engine)의 개발이 활발하다. 혼다와 닛산자동차
는 2022년 발표한 신형 하이브리드차(HEV)에 새롭게 개발한
DHE를 실용화했다. 중국 자동차 업체들은 플러그인 하이브
리드차(PHEV)용 DHE를 개발하려는 움직임이 있다. 모두 세
계 각국의 환경 규제와 HEV 수요 증가 등에 대응하기 위한
목적이다. 고효율화 경쟁도 뜨겁게 달아오르고 있으며, 앞서
가는 일본을 중국 업체들이 맹추격하고 있다.

혼다의 새로운 DHE는 배기량 2.0L의 직렬 4기통 직분사 엔진이
다. 혼다의 직렬 병렬 방식의 하이브리드 메커니즘 'e:HEV'를 사
용한다. 기본적으로 중·저속에서는 엔진을 발전용으로 사용하
고, 얻은 전력으로 모터를 구동해 달리는 방식이다.

[자료 5-4] 혼다 '시빅 e:HEV'
새롭게 개발한 DHE를 최초 탑재했다. (출처: 닛케이 자동차)

   닛산의 새 엔진은 배기량 1.4L로 직렬 3기통 자연흡기(NA) 엔진이다. 닛산의 직렬 하이브리드 메커니즘 'e-POWER'와 조합한다. 이 메커니즘에서 엔진은 발전 전용으로 모든 속도에서 모터 구동으로 주행한다.

   혼다와 닛산의 DHE에는 두 가지 공통점이 있는데, 하나는 다양한 차종에 탑재할 수 있는 범용성이다. 혼다는 2022년 7월 출시한 중형차 '시빅 e:HEV'에 신형 엔진을 처음 탑재했다. '어코드', 'CR-V' 등 시빅의 상위 차종을 중심으로 전개하고, 2023년 4월 일본에서 출시한 신형 SUV인 'ZR-V'의 HEV에도 탑재했다. 일본과 북미, 유럽향 차종을 중심으로 탑재를 확대해 생산량을 늘릴 계획이다.

   닛산은 새 엔진을 2023년 4월 출시한 신형 미니밴 '세레나'에 처음 탑재했다. 이전 세레나의 e-POWER 차량은 배기량 1.2L 직렬 3기통 엔진을 탑재했다. 새로운 엔진으로 배기량을 확대한 것은 소형차에서 8인승 미니밴까지 하나의 엔진으로 대응하기

[자료 5-5] 닛산 신형 미니밴 '세레나'
닛산 최초의 e-POWER 전용 엔진을 탑재했다. 배기량 1.4L에 직렬 3기통 NA 엔진이다. (출처 : 닛케이 자동차)

위함이다. 이전 세레나와 같은 엔진을 탑재한 현행 e-POWER 차량은 소형차 '노트'와 '노트 오라', '킥스'가 있다. 닛산은 앞으로 이들 차종에 새로운 엔진을 탑재할 계획이다.

혼다와 닛산 DHE의 다른 공통점은 진동 저감이다. 혼다의 e:HEV와 닛산의 e-POWER는 모두 배터리에 저장된 전력이 부족하면 엔진을 가동해 발전하기 때문에, 기존에는 운전자가 의도하지 않은 상황에서 엔진 진동이 발생해 불쾌감을 주는 경우가 있었다.

혼다는 새로운 엔진에 고강도 소재를 사용한 크랭크샤프트를 채용해 비틀림 강성을 높여 진동을 억제했다. 크랭크샤프트에서 발생하는 진동은 2차 밸런서를 설치해 억제했다. 2차 밸런서가 엔진 회전수의 2배 속도로 회전함으로써 크랭크샤프트에 의한 진동과 역위상의 진동을 발생시켜 크랭크샤프트에 의한 진동을 상쇄할 수 있다.

신형 엔진은 각 지역의 배기가스 규제에 대응하기 위해 연료분사 방식을 기존 포트 분사 방식에서 직분사 방식으로 변경했다. 직분사는 연소 효율을 높여 배기가스 성능 향상으로 이어지지만, 포트 분사 방식에 비해 엔진 진동이 커지는 단점이 있었다.

닛산은 진동을 줄이기 위해 새 엔진은 스타터 모터를 설치하지 않는 설계로, 엔진과 구동용 모터를 체결하는 볼트의 배치를 최적화해 강성을 높였다. 기존에는 체결 볼트를 스타터 모터의 탑재 위치를 피해 배치할 수밖에 없어 강성이 떨어지고 진동과 소음이 발생하기 쉬웠다. 다른 엔진 차량에 채용하는 엔진을 유용했기 때문에, 스타터 모터를 탑재하도록 설계했기 때문이다(실제로는 불필요해 스타터 모터를 생략했다).

이와 함께 진동 저감을 위해 플라이휠과 크랭크샤프트 사이에 '플렉시블 플레이트'라는 플레이트를 새롭게 장착했다. 이 플레이트는 고회전 시 발생하는 플라이휠의 진동을 흡수하는 효과가 있다.

닛산은 차세대 e-POWER를 위한 발전 전용 엔진도 개발 중이며, 2026년 중으로 실용화할 계획이다. "열효율은 45%를 넘기면서 50%에 가까워질 것"이라고 히라이 토시히로 파워트레인&엔진기술개발본부 담당 상무집행임원은 말했다. 닛산은 2021년, e-POWER용 발전 전용 엔진으로 최고 열효율이 50%에 달할 것으로 전망한 바 있다. 핵심은 'STARC'라는 독자적인 연소 방식이다. 차세대 e-POWER용 엔진의 열효율은 이 방식의 몇 가지 기술 요소를 통해 실현될 것이라고 한다.

DHE의 고효율화에는 중국의 지리홀딩그룹(Geely), 비야디(BYD)

[자료 5-6] 차세대 e-POWER용 엔진 이미지
롱 스트로크화, 새로운 연소 기술 등을 투입한다. (출처: 닛산)

등 중국 내 떠오르는 자동차 업체들도 참여하고 있다. 양사가 주력하는 것은 PHEV용 DHE 개발이다. 이유는 중국 전체에서 신에너지차(NEV) 시장이 빠르게 확대되고 있지만, 전기차(EV)만으로는 수익을 내기 어렵다는 것이다. PHEV는 탑재하는 배터리 용량이 EV의 4분의 1 수준이기 때문에 가격을 낮출 수 있고, 주행 거리 걱정도 적기 때문이다.

지리는 독일, 일본, 한국 등에서 경험이 풍부한 엔진 기술자들을 대거 영입하고 있다. 2021년에는 모기업인 중국 지리그룹이 프랑스 르노와 HEV 및 PHEV를 개발하는 합작회사 설립에 합의했다고 발표하면서 DHE 개발에 박차를 가하고 있다.

지리는 2022년 11월, 연구 개발 중인 DHE의 희박연소(린번) 가솔린으로 최대 순열효율 46%를 달성했다고 발표했다. 또한 같은 해 11월에 발표한 SUV 대형 PHEV 'Geely Xingyue L Hi-P'에 탑재되는 엔진 'DHE15'는 기계식 압축비 13:1의 미러 사이클을

[자료 5-7] 지리홀딩그룹(Geely)의 'Geely Xingyue L Hi-P'
순 최고 열효율 43.3%를 달성한 DHE를 탑재한다. (출처: 지리)

채택해 순 최대 열효율 43.3%를 달성했다. 앞으로 열효율을 더욱 향상시킬 예정이라고 한다.

BYD도 PHE 특화 개발 리소스를 강화하고 있으며, 지리와 마찬가지로 유럽이나 일본에서 기술자를 헤드헌팅하고 있다. BYD는 원래 엔진차도 생산하다가 2022년 3월 중단하고, PHEV와 EV로 압축한 경영전략으로 전환했다. 다만 엔진을 버리지 않고, 독자적인 플러그인 하이브리드 기술인 'DM-i'를 4세대까지 진화시켜 엔진차와 동등한, 저렴한 PHEV를 완성했다고 BYD는 밝혔다. DHE의 개발에 대해서 지리나 BYD가 후발주자에서 뛰어난 독자 기술 개발로 레벨업 하는데 그다지 긴 시간은 걸리지 않을 것이다.

– 후시키 칸타로, 쿠메 히데나오(닛케이 크로스 테크·닛케이 자동차),
후루노 시켄오(소켄)

047

합성연료

재생 가능 에너지에서 추출한 수소와
이산화탄소로 만든 연료

．
．
．
．
．

기술 성숙 레벨 | **중**　2030 기대지수 | **32.7**

합성연료(e-fuel)는 수소와 이산화탄소를 합성하여 제조하는
인공적인 연료다. 기존 내연기관과 연료 인프라를 활용하면
서 탄소 중립을 실현할 수 있는 수단으로 기대가 높아지고
있다.

일본 경제산업성은 2023년 5월, 합성연료 상용화 시기 목표를
2030년대 초반으로 앞당긴다는 방침을 밝혔다. 지금까지는 2040년
으로 설정했다. 변화의 계기는 유럽이 합성연료를 사용하는 내
연기관차를 허용하는 것으로 방침이 바뀐 것이 계기가 됐다.

　유럽위원회(EC)는 지난 2023년 3월, 합성연료를 사용하는 조건
으로 2035년 이후에도 내연기관을 장착한 신차 판매를 허용했
다. 그동안 '2035년 이후 유럽연합(EU) 내 모든 신차 판매를 원칙
적으로 이산화탄소 배출 제로 차량으로 한다'는 방향으로 내연기

합성연료(e-fuel)

기술 개요
- 이산화탄소와 수소를 합성하여 만드는 인공 연료
- 기존 내연기관이나 연료 인프라를 활용 가능
- 상용화 위해 해외에서는 대규모 실증이 시작된 단계

활용 이미지
- 탄소 중립을 실현하는 파워 트레인
- 승용차뿐만 아니라 대형 상용차나 항공기, 선박, 건설기계 등 적용 범위가 넓음

주요 기업
- 포르쉐, 토요타자동차 등 자동차 제조사
- 셸이나 BP 등의 석유 메이저
- 국제민간항공기관(ICAO)과 국제해사기관(IMO)

보급을 향한 과제
- 300~700엔/L로 높은 제조비용
- 다양한 용도에 배분 가능한 공급량

[자료 5-8] 합성연료(e-fuel) 개요
자동차 제조사와 석유 메이저 등이 실용화를 위해 개발을 진행하고 있다. (출처: 닛케이 크로스 테크)

관 폐지를 위한 논의를 진행해 왔으나, 독일 등의 반발을 받아들여 정책을 변경한 것이다.

내연기관차의 수명 연장 수단으로 주목받는 합성연료지만, 적용 대상은 승용차뿐만이 아니다. 대형 상용차나 항공기, 선박, 건설기계 등의 용도가 더 우선순위가 높은 것으로 알려져 있다. 이들 용도의 공통점은 전기화와 궁합이 좋지 않다는 점이다.

대형 트럭을 전기자동차(EV)로 만들 경우, 항속거리와 적재공간을 모두 확보하는 것이 어렵다. 장거리 운행을 위해서는 대용량 배터리를 탑재해야 하지만, 적재 공간을 압박해 "짐을 싣고 있는 것인지, 배터리를 싣고 있는 것인지 헷갈릴 정도(한 상용차 기술자)"다. 항공기, 선박, 건설기계 등도 전기화에 대해 비슷한 과제를

[자료 5-9] 합성연료(e-fuel)
(출처: 닛케이 크로스 테크)

안고 있다.

특히 항공기 업계는 탄소 중립 연료를 SAF(Sustainable Aviation Fuel)라고 부르며 실용화에 힘을 쏟고 있다. SAF의 정의는 '지속가능성 기준을 충족하는, 재생 가능하거나 폐기물을 원료로 하는 제트 연료'로 되어 있으며, 합성연료 외에 자연물에서 합성하는 바이오연료도 유력한 후보로 꼽히고 있다.

합성연료의 실용화를 위해 가장 큰 과제는 비용이다. 일본 경제산업성은 약 300~700엔/L로 추정하고 있다. 약 700엔/L로 추산한 것은 원료 조달부터 제조까지 모든 것을 국내에서 진행할 경우다. 내역은 수소가 634엔, 이산화탄소가 32엔, 제조 비용이 33엔이다. 즉, 수소가 비용의 대부분을 차지하며, 이 비용을 얼마나 줄일 수 있느냐가 합성연료 보급의 관건이다.

[자료 5-10] '하루오니(Haru Oni)' 프로젝트 공장
2022년 12월 합성연료 생산을 시작해, 2026년 연간 약 55만kL 생산을 계획하고 있다. (출처: 포르쉐)

　합성연료의 원료로 사용하는 수소의 제조방법으로는 재생 가능 에너지에 의한 전력을 이용한 그린수소를 사용하는 것을 전제로 하고 있다. 이산화탄소는 DAC(Direct Air Capture)에 의해 대기 중에서 직접 회수한 것을 사용하는 것을 전제로 하고 있지만, 공장 등에서 발생하는 이산화탄소를 포집하여 유효하게 이용하는 CCU(Carbon dioxide Capture and Utilization)를 인정하는 움직임도 있다.

　합성연료의 생산량 확대도 큰 과제이며, 이를 해결하기 위해 세계 각지에서 대규모 실증이 시작되고 있다. 대표적인 예가 '하루오니(Haru Oni)' 프로젝트다. 독일 지멘스에너지가 주도하고, 독일 포르쉐와 칠레 전력 대기업 AME(안데스 마이닝 앤드 에너지, Andes Mining & Energy), 미국 석유 대기업 엑손모빌(ExxonMobil) 등이 모두 참여한다.

생산 공장은 칠레 남부에 건설했다. 연간 270일 정도 강한 바람이 부는 지역으로 풍력 터빈을 풀가동하기에 이상적인 조건을 갖추고 있다. 2022년 12월에 합성연료의 생산을 시작했다. 2026년에는 연간 약 55만kL의 생산을 계획하고 있다. 생산된 연료는 독일 등에 수출할 예정이다.

미국이나 중국에서도 실증 실험이 진행되고 있지만, 업계 동향에 정통한 애널리스트에 따르면 "플레이어와 실증 실험은 유럽에 집중되어 있다"고 한다. 수력, 풍력 등 재생 가능 에너지 유래 전력이 풍부한 북유럽에서는 항공기용 합성연료를 대량 생산하는 프로젝트가 여러 개 진행되고 있다.

충분한 생산량을 확보하지 못하면, 향후 "합성연료의 경쟁에서 밀릴 가능성이 있다"고 애널리스트는 말한다. 자동차는 고비용 연료를 받아들이기 어려워, 액체연료가 필수인 항공기나 선박 등의 용도부터 보급이 시작되는 시나리오가 현실적이라는 견해가 강하다.

— 쿠메 히데나오(닛케이 크로스 테크·닛케이 자동차)

048

연료전지 시스템

승용차뿐 아니라 트럭, 건설기계,
고정식 전원장치에도 탑재 가능

．
．
．
．
．

기술 성숙 레벨 | 고   2030 기대지수 | 28.0

수소와 산소를 반응시켜 전력을 얻는 기술로, 물에 전기를
흘려 수소와 산소를 뽑아내는 '물의 전기분해'와 반대되는 화
학반응을 이용한다. 청정 전원으로 기업이나 가정에서 나오
는 이산화탄소 등 온실가스를 줄이고, 산림 흡수분 등으로
상쇄해 실질적인 배출량을 제로화하는 탄소 중립 실현의 핵
심 기술로 주목받고 있다. 연료전지 시스템을 탑재한 연료전
지차(FCV, Fuel Cell Vehicle)를 개발하는 자동차 업체들이 트럭과
버스 등 상용차, 철도차량 등의 전환도 염두에 두고 시스템
외부 판매와 타사와의 협업을 적극적으로 추진하고 있다.

연료전지에는 '전지'라는 단어가 들어가 있지만, 수소 등 연료로
전기를 생산하는 장치다. 구조상 이산화탄소를 발생시키지 않는
다. 비상 전원이나 열병합발전과 같은 고정형 장치에서는 오래전

[자료 5-11] 토요타가 신형 '미라이'용으로 개발한 FC 스택
승압 컨버터와 일체화되어 있어 스택에서 발전한 전력을 650V로 승압한다. (출처: 토요타 자동차)

부터 실적이 있고, 최근에는 연료전지를 전기자동차(EV)의 전원으로 사용하는 연료전지차(FCV)의 실용화가 진행되고 있다. FCV는 승용차뿐 아니라 트럭, 버스 등 상용차에서도 실용화 사례가 있다.

연료전지 시스템을 다루는 각 업체들은 실용화 단계를 마치고, 더 많은 보급을 위해 상용차나 정위치 이용 등 승용차 이외의 용도 개발에 힘쓰고 있다. 양산 규모를 높여 비용을 더욱 낮추고 폭넓은 협업을 통해 보급을 가속화하는 한편, 인프라 정비 등을 촉진하는 목적도 있다.

토요타자동차는 2020년 출시한 FCV, 2세대 'MIRAI(미라이)'로 시스템 비용을 기존 대비 절반으로 낮추고 협업과 외부 판매 사업에 나섰다. 유럽에서는 독일 다임러트럭(Daimler Truck)과 협업,

[자료 5-12] 혼다가 GM과 공동 개발한 연료 전지 시스템
생산성 개선을 통해 시스템 비용을 기존의 3분의 1로 저감했다. (출처: 닛케이 크로스 테크)

중국에서는 토요타와 시노하이텍(Sino Hitech), 현지 완성차 업체 4
개사와 합작회사 '연합 연료전지 시스템 연구 개발(베이징)'을 설립
했다. 2030년에는 연간 10만 대의 연료전지 시스템을 공급할 수
있는 체제를 구축한다.

철도 차량용 개발도 추진한다. 토요타자동차는 히타치제작소,
JR동일본 등과 함께 3개사가 협력해 연료전지 철도차량 FV−
E991계 'HYBARI'를 개발해, 2022년부터 시험 운행을 시작했다.

혼다도 미국 제너럴모터스(GM)와 연료전지 시스템을 개발해 기
존 제품 대비 시스템 비용을 3분의 1로 낮췄다. 2024년 SUV 기
반 FCV에 탑재해 북미와 일본에서 판매한다. 상용차나 건설기
계, 고정식 전원으로 사용할 수 있는 패키지 형태로 개발하고 있
으며, 연료전지 시스템을 여러 개 조합해 고출력 파워 유닛으로

[자료 5-13] 연료전지 시스템을 탑재한 철도차량의 FV-E991계 'HYBARI'
토요타자동차, JR동일본, 히타치제작소 등 3개사가 연계하여 개발한다. (출처: 토요타 자동차)

만들 수 있다.

중국 동풍자동차와 공동으로 2023년 1월부터 후베이성에서 연료전지 시스템을 탑재한 상용 트럭의 주행 실증 실험을 시작했으며, 일본에서도 이스즈(ISUZU)자동차와 공동으로 2023년 중에 대형 트럭의 모니터 차량으로 실증 실험을 시작해 2027년 시장 출시를 목표로 하고 있다.

JR서일본도 연료전지 시스템을 탑재한 철도 차량 개발을 발표, 2030년대에 도입해 현재 비전기화 구간에서 운행하는 약 450량의 디젤 차량을 단계적으로 대체한다. 수소 공급과 수송을 담당하는 거점으로 효고현 히메지시에 '종합 수소 스테이션'을 정비한다. JR화물의 히메지 화물역 부지 내에 설치할 계획이며, 지자체나 기업과 연계해 연료전지를 사용하는 버스나 트럭에도 수소를 공급한다.

– 혼다 코우키(닛케이 크로스 테크·닛케이 자동차),
이시바시 타쿠마(닛케이 크로스 테크·닛케이 제조)

049

그린 강재

제조 공정의 고로에서 배출되는
이산화탄소를 줄인 강재

:
:
:
:
:

기술 성숙 레벨 | 고　　2030 기대지수 | **9.8**

생산 공정에서 이산화탄소 배출량을 줄인 강재이다. 탄소 중
립 실현을 위해, 철강 대기업 3사가 양산 체제 구축에 박차를
가하고 있다.

제철 공정의 핵심 설비인 고로(blast furnace)에서는 철광석(산화철)을
구워 굳힌 소결광과 코크스(Koks, 석탄을 쪄서 만든 것)를 사용한다. 이
를 고로 상부에서 투입하고, 하부에서 미분탄(분쇄한 석탄)과 고온의
공기(산소)를 불어넣어 소결광을 녹이면서 코크스로 환원시켜 용
융총(녹은 총철)을 만든다. 이 제강 공정에서 이산화탄소가 발생한
다. 이 문제를 해결한 그린 강재 실용화에 앞장선 곳은 고베제강
이다. 닛산자동차가 신형 미니밴 '세레나'의 차체 골격에 고베제
강이 공급하는 이 강재를 사용한다. 닛산은 세레나부터 그린 강
재 적용을 시작해 다른 차종으로 확대할 계획이다. 일반 강재에

비해 가격은 비싸지만, 제조 과정에서 이산화탄소 배출량을 줄이는 데 중점을 뒀다.

일본제철은 2023년 9월부터 자동차 업체 등에 그린 강재 공급을 시작한다. 고로 대신 전기로를 사용해 제조하는 것으로, 첫해 공급 가능량은 30만톤 규모를 계획하고 있다. 빠르면 2023년도 안에 첫 채용이 결정될 것으로 보인다.

JFE스틸도 2023년 상반기에 그린 강재 공급을 시작한다. 첫해 공급량은 20만톤 정도를 예상한다. 이 회사가 생산하는 모든 철강 제품이 대상이다.

제조 방법은 크게 두 가지다. 하나는 고로에 투입하는 코크스 양을 줄이는 방법이다. 다른 하나는 고로 대신 전기로를 사용하는 방법이다. 고베제강은 전자의 하나인 '직접 환원 제철 공정'으로 그린 강재를 만들고 있다.

고베제강의 제조 방법은 먼저 샤프트로를 사용하여 직접 환원철(DRI)을 만든다. 그 다음 DRI를 압착하여 '열간성형환원철(HBI)'을 생산한다. 이 HBI를 고로에 투입해 코크스와 철광석 사용량을 줄임으로써 용광로 당 이산화탄소 발생량을 20~30% 줄일 수 있다고 한다.

일본제철은 자사의 세토우치제철소 히로하타 지구(효고현 히메지시)에서 가동 중인 전기로를 사용한다. 같은 양의 철강재를 만들 때, 전기로는 고로의 약 4분의 1 수준으로 이산화탄소 배출량을 줄일 수 있다고 한다. 일본제철은 규슈 제철소 야하타 지구(기타큐슈시)와 세토우치제철소 히로하타 지구에서 2030년까지 대형 전

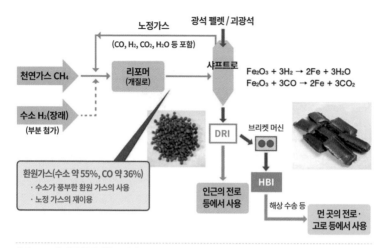

[자료 5-14] 직접 환원 제철 공정의 구조

(출처: 고베제강의 자료를 바탕으로 닛케이 크로스 테크가 작성)

기로를 새로 가동하는 방안을 검토하고 있다.

일본제철은 두 가지 제조법 중 전자의 '고로 수소 환원'과 '수소에 의한 환원철 제조'의 실용화에도 나선다. 고로 수소 환원에 대해서는 2022년 5월 동일본제철소 기미쓰 지구(치바현 기미쓰시)에 설치한 시험 고로에 고온 수소를 주입하는 시험을 시작했다. 이 지역에서는 2026년 1월부터 가동 중인 대형 고로를 이용한 실증 실험을 시작한다.

수소를 이용한 환원철 제조는 하사키 연구개발센터(이바라키현 가미스시)에 소형 샤프트로를 설치해 저급 철광석을 수소로 환원하는 시험을 2025년도에 시작한다. 2027년에는 대형 용광로를 이용한 실증 실험을 시작할 계획이다.

그린 강재 보급을 위해서는 가격을 낮출 필요가 있다. 대량 생

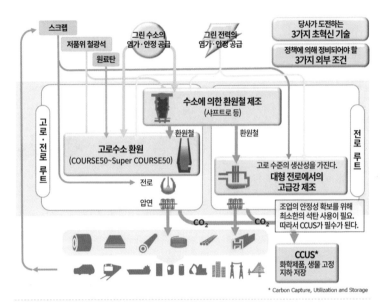

[자료 5-15] 일본제철의 3가지 기법
대형 전로를 이용한 제조법에 더하여, 고로 수소 환원과 수소에 의한 환원철 제조의 실용화에도 임한다. (출처: 일본제철)

산을 통한 제조원가 절감이 필요하지만, 양산에는 몇 가지 과제가 있다. 고로를 이용해 코크스 사용량을 줄이는 제조 방법은 현행 고로 제철법과 동등한 수준의 생산성이 요구된다. 고로 수소 환원에서는 고온의 수소를 고로 내에 대량으로 투입하는 새로운 주입 기술 개발이 필요하다.

샤프트로에서 만든 직접 환원철을 고로에 투입하는 제조 방식의 경우, 샤프트로에서 소결광을 직접 환원할 때 천연가스(메탄, CH4가 주성분)를 사용하기 때문에 일정량의 이산화탄소가 발생한다. 생산성은 기존 고로 제철법의 2분의 1 수준에 불과하다. 환원 가스에 수소를 사용하면 이산화탄소 발생을 줄일 수 있지만,

대량의 고온 수소를 샤프트로에 투입하는 양산 기술은 아직 확립되지 않았다.

전기로를 이용한 제조 방식은 원료인 철 스크랩에 포함된 불순물 등으로 인해 고로 생산품과 동등한 품질을 확보하기 어려울 수 있다. 특히 생산량이 늘어나면 제철소 이외에서 발생하는 다양한 철 스크랩(불순물 등이 포함된 스크랩)을 사용해야 하는데, 철 스크랩에 혼입되는 유해원소를 무해화하는 기술을 확립해야 한다.

— 타카다 다카시(닛케이 크로스 테크·닛케이 자동차)

050

셀룰로스 나노파이버(CNF)

식물에서 가볍고 고강도의 섬유 소재를 제작

기술 성숙 레벨 | 중   2030 기대지수 | 13.7

셀룰로스 나노파이버(CNF)는 목재 등 식물에서 얻을 수 있는 셀룰로스를 수~수십 nm(나노미터)로 미세화한 섬유이다. 가볍고 강도가 높은 특성을 가지고 있어, 수지(플라스틱)의 강화재로 활용이 기대되고 있다. 그동안 CNF는 화장품이나 식품 등에 소량 첨가하는 용도가 주를 이뤘지만, 탄소 중립 실현과 환경 부하 저감을 위한 노력에 힘입어 자동차 부품 등 공산품에 대한 활용이 늘고 있다. CNF를 생산하는 제지업체가 밀집한 시즈오카현을 비롯해 일본 전국적으로 CNF 관련 단체가 여러 곳 생겨나면서 실용화를 위한 움직임이 활발해지고 있다.

야마하발동기는 일본제지와 CNF를 활용한 소재의 공동 개발을 추진하고 있다. 수상 오토바이의 2024년 모델에서 엔진의 수지

[자료 5-16] 야마하발동기와 일본제지가 공동으로 개발한 CNF 강화수지
수상 오토바이 엔진의 수지 부품에 채용할 계획이다. (출처: 야마하발동기)

부품에 CNF 강화 수지를 채용할 계획이다. CNF 강화수지는 목재에서 추출한 셀룰로스를 폴리프로필렌 등 수지에 혼련·분산한 소재로, 고강도를 유지할 수 있다. 기존 수지 소재보다 사용량을 줄일 수 있어, 25% 이상 경량화가 가능하다고 한다.

CNF 강화수지는 재료로 목재를 사용하기 때문에 이산화탄소 배출량을 줄이는 효과도 있다. 야마하발동기는 2050년 탄소 중립 실현을 위해 식물 유래 재료의 활용이 필수적이라며 CNF를 유망한 재료로 보고 있다.

마찬가지로 수지를 섬유로 강화한 소재인 유리섬유강화수지(GFRP)와 비교해도 CNF는 이산화탄소 배출량 저감 효과뿐만 아니라, 재활용 측면에서도 장점이 있어 자동차 제조사 등이 이 특징에 주목하기 시작했다. 셀룰로스로 강화한 수지는 파쇄해도 재

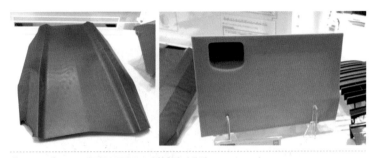

[자료 5-17] CNF는 자동차 부품용으로의 활용이 기대 됨
자동차 기술 전시회 '사람과 자동차의 테크놀로지전 2023 요코하마'에서는 자동차 부품에 CNF를 채용한 개발품이
두드러졌다. (출처: 닛케이 크로스 테크)

료 특성을 유지하는 특성이 있어 반복적으로 재활용할 수 있다.
반면 GFRP는 파쇄하면 유리섬유가 부서져 기능을 발휘하기 어려워, 재활용 전과 같은 용도에 적용하기 어렵다.

자동차 기술 전시회 '사람과 자동차의 테크놀로지전 2023 요코하마'에서는 자동차 등에서의 활용을 염두에 두고 토요타합성, 다이쿄니시카와(Daikyo Nishikawa) 등이 CNF를 채택한 개발품을 다수 출품했다. 자동차 부품 업체로부터 "탈탄소 대응으로 CNF의 채택을 검토하고 싶다는 의견이 완성차 업체로부터 들려오고 있다"는 목소리가 많이 들렸다.

CNF는 원래 목재 등 식물에서 채취한 셀룰로스를 나노미터 크기까지 미세하게 만든 섬유를 말한다. 하지만 이 미세화 비용이 CNF의 가격을 높이는 요인이 되고 있다. 일각에서는 시장 조기 확대를 위해 섬유를 미세화하는 비용을 줄이기 위해 '나노에 집착해서는 안 된다'는 견해도 있다.

수지의 강화 용도에서는 '마이크로(μm)' 수준의 다소 큰 셀룰로스 섬유를 사용하려는 움직임이 있다. 예를 들면, 파나소닉프로덕션엔지니어링(오사카부 카도마시), 스미토모화학 등이 마이크로 레벨의 셀룰로스를 사용하려는 시도를 하고 있다.

CNF를 둘러싸고 일본 정부는 2030년에 1조엔 규모의 시장 창출을 목표로 하고 있다. 이에 따라 2015년경부터 전국적으로 CNF 관련 단체가 여러 곳 생겨나기 시작했고, 조금씩 성과가 나타나기 시작했다. 2023년 6월에는 시즈오카현이 기간산업인 제지업을 살려 CNF로 새로운 산업을 일으키기 위해 CNF의 개발·활용을 추진하는 조직 '후지노쿠니 셀룰로스 순환경제포럼'을 발족했다. 야마하발동기, 스즈키, 일본제지가 기수 역할을 맡아 410개 기업과 단체가 참여하고 있다. 시즈오카현은 CNF 활용의 출구로 자동차 부품에의 채택을 강하게 내세우고 있다.

— 나가바 케이코, 기자키 켄타로(닛케이 크로스 테크·닛케이 제조)

051

자율 배송 로봇

2023년 4월, 개정 도로교통법이 시행되면서
공공도로 주행 금지가 해제

:
:
:
:

기술 성숙 레벨 | 중   2030 기대지수 | 35.6

근거리 택배를 담당하는 자율 배송 로봇이 보급을 위한 움직임을 시작했다. 소형·저속으로 주행하는 로봇은 법적으로 '원격조종형 소형차'로 정의돼, 관리자가 원격으로 감시·조작해 공공도로(보도)에서 자율주행이 가능해졌다. 자율 배송 로봇은 인근 소매점이나 배송 거점 등에서 식료품이나 짐을 주거지 등으로 배달하는 수단으로 활용될 것으로 기대된다. EC(전자상거래) 사업을 하는 라쿠텐그룹 등이 배송 로봇을 활용한 서비스 사업화를 검토하고 있으며, 파나소닉홀딩스 등이 로봇 개발을 추진하고 있다.

도로교통법 개정으로 안전기준 등을 충족하면 그동안 공공도로에서 로봇을 주행시키기 위해 필요했던 동행자가 필요 없어져, 서비스 사업자는 사업을 추진하기 쉬워졌다. 법 개정 이전에는

[자료 5-18] 자율 배송 로봇이 식료품이나 짐 등을 근거리로 운반하는 수단이 되기를 기대함
2023년 4월 개정 도로 교통법 시행으로 배송 로봇은 보도 등을 주행할 수 있게 되었다.
(출처: 닛케이 로보틱스(왼쪽), 라쿠텐그룹(오른쪽))

사실상 직원이 로봇에 동행해 주변 안전을 확인하며 주행해야 했고, 이 인건비가 걸림돌이었다.

다만, 직원이 로봇에 동행하지 않아도 되는 대신 관리자가 원격으로 모니터링하고, 긴급 상황 등에 대비해 로봇을 조작할 수 있는 체제를 갖춰야 한다. 파나소닉홀딩스는 실제 운용을 상정하고 1명이 동시에 4대의 로봇을 원격으로 감시하고 조작할 수 있는 시스템을 개발했다. 가나가와현 후지사와시의 주택가 '후지사와 지속가능한 스마트타운(Fujisawa Sustainable Smart Town)'에서 실증 실험을 계속하고 있다.

향후 배송 로봇을 본격적으로 사업에 활용하기 위해서는 사람의 조작을 줄여 원격 감시자의 부담을 줄이고, 한 사람이 더 많은 대수를 감시할 수 있도록 할 필요가 있다. 이를 위해서는 로봇 측의 인식 기능 향상과 원격 조작 측의 지원 기술 향상 등이 요구된다. 현재는 로봇의 주행 경로에 있는 장애물을 피하거나 신호등

[자료 5-19] 배송 로봇 속속 등장
가와사키중공업과 미쓰비시전기, 혼다기술연구소 등이 로봇 개발을 진행하고 있다. 최고 시속은 6km, 차체는 전동휠체어 상당한 크기면 인도를 주행할 수 있다. (출처 : 닛케이 크로스 테크)

색깔을 식별해 횡단보도를 건너는 등의 장면에서는 사람이 수동으로 조작하는 경우가 많다.

이번 법 개정으로 공공도로 주행 시 법적 절차가 간소화됐다. 서비스 사업자는 주행 장소와 로봇 사양 등의 정보를 관할 도도부현 공안위원회에 신고만 하면 된다. 법 개정 이전에는 경찰청과 국토교통부의 허가와 심사가 필요해, 일부 제한된 지역에서 주행 허가를 받는 데만 한 달 이상 걸리기도 했다.

로봇 본체의 안전성 인증은 민간 차원에서 실시할 예정이다. 파나소닉홀딩스, 라쿠텐그룹 등 8개사가 만든 업계 단체 '로봇 배송 협회'가 안전기준을 마련하고, 로봇이 이에 적합한지 심사한다.

공공도로 주행에 대한 규제 장벽이 사라져 서비스 사업자가 배송 로봇을 활용하기 쉬운 환경이 마련됐지만, 보급을 위해서는 지역별로 수요를 발굴하고 로봇 본체의 저비용화가 필수적이다. 고령자가 쇼핑을 할 수 있는 수단이 적은 지방이나 배달원을 배

[자료 5-20] 로봇을 원격으로 감시·조작하는 모습
파나소닉홀딩스는 '후지사와 지속가능한 스마트타운' 내와 도쿄·시오도메에 원격 감시센터를 설치하고, 운영자들은 그곳에서 스마트타운 안에 있는 로봇을 감시하고 있다. (출처: 닛케이 로보틱스)

치하기 어려운 과소지역 등에서 배달 로봇에 대한 니즈는 높지만, 현재 로봇은 배달원 비용보다 비싸다. 초기에는 적은 수로 가동률을 높이는 것을 감안할 때, 이용 빈도가 예상되는 교외 배송부터 확대될 것으로 보인다.

라쿠텐그룹은 이바라키현 쓰쿠바 역 주변에서 '쿠봇' 배송 서비스를 시작했으며, 주변 지역 주민들을 대상으로 음식점 음식 등을 배달하고 있다. 쓰쿠바 역 주변에는 음식점이나 소매점 등이 많고, 배달 대상인 공동주택이나 사무실이 밀집해 있다. 라쿠텐그룹은 쓰쿠바 역 주변처럼 이용자 수를 예측할 수 있는 지역이라면 서비스 전개가 용이할 것으로 보고 있으며, 비슷한 조건의 다른 지역에서도 서비스를 전개해 나갈 계획이다.

— 나가바 케이코(닛케이 크로스 테크·닛케이 제조)

052

드론 배송

인력을 거치지 않고 상품 등을 배송

∶
∶
∶
∶
∶
∶

기술 성숙 레벨 | **고**　2030 기대지수 | **35.9**

드론으로 식품, 잡화 등을 자동 배송한다. 화물 증가와 배송
인력 부족 등 물류의 과제에 대응한다. 저출산 고령화가 진
행되는 과소지역에서는 라스트 원 마일(Last One Mile) 물류 유
지를 위해 노동력 절감과 인력 절감이 필수적이다.

산업용 드론을 연구개발하는 에어로넥스트(Aeronext)는 2022년
12월, 일본 배달 서비스 최대 기업 '배달관'과 업무 제휴를 맺었
다. 드론과 육로 배송을 결합한 물류 서비스 스카이허브(Sky Hub)
를 도입하는 지자체에서 배달관 앱으로 주문한 물품을 배송하는
것이다.

에어로넥스트는 세이노홀딩스, KDDI그룹과 연계해 스카이허
브를 지자체에 제공하고 있다. 예를 들어, 후쿠이현 쓰루가시에
서는 이용자가 앱이나 전화로 식료품이나 생필품을 주문하면, 일

[자료 5-21] 에어로넥스트 등이 다루는 '스카이허브'
(출처: 에어로넥스트)

대의 배송 거점인 '드론 데포'에서 드론이 자동 비행으로 짐을 운반해, 최소 30분 만에 집 근처 '드론 스탠드(이·착륙장)'에 도착한다. 그러면 이용자는 그곳에서 짐을 수령한다.

무게 중심 제어가 뛰어난 물류 전용 드론을 이용해 다양한 종류의 화물을 운반한다. 날씨 등의 사정으로 드론 이용이 어려운 경우 육송으로 전환한다. 에어로넥스트는 향후 드론 데포를 2024년 3월에 100~150개소, 2025년 3월에 300~500개소로 늘려나갈 계획이라고 한다.

드론 배송의 보급을 위해 국가 차원의 제도 정비가 뒷받침한다. 2022년 12월, 유인지대 상공에서 보조자 없이 가시권 밖 비행의 금지가 풀렸다. 허가와 승인 절차가 간소화돼 사업적으로 접근하기 쉬워졌다. 라쿠텐그룹과 일본우편 등이 실증 실험을 진행하고 있어, 2024~2025년에는 짐을 운반하는 드론을 하늘에서 볼 수 있는 기회가 늘어날 것이다.

일본우편은 인구가 적은 지역에서 드론과 주행 로봇을 조합한 자동 배송에도 도전한다. 도쿄도 오쿠타마마치의 실증 실험에서는 우체국에서 중계 지점까지 사람이 짐을 운반하고, 거기서 드론으로 산간 지역에 있는 로봇에게 전달하는 지점까지 운반한다. 드론에게서 짐을 받은 로봇이 도로를 달려 민가에 배달을 하는 방식이다.

일본우편은 "라스트 원 마일 배송의 어시스트로서 드론 배송, 로봇 배송, 복합 배송을 상황에 따라 구분해 사용할 수 있다. 노동력 절감 배송의 필요성이 높은 중산간 지역부터 실용화를 목표로 하고 있다"고 말했다.

– 오타니 마유키(닛케이 트렌디)

053

에어 택시

eVTOL(전동 수직 이착륙기)의 상용 운행 시작

:
:
:
:
:
:

기술 성숙 레벨 | 중   2030 기대지수 | 19.0

배터리로 구동되는 eVTOL(전동 수직 이착륙기)을 이용해 사람을 태운다. 헬리콥터처럼 수직으로 상승과 하강이 가능하며, 빌딩 옥상에서도 이착륙이 용이하다. 활주로가 필요 없어 일본 국토에 적합하다. 2025년 오사카에서 오사카·간사이 엑스포에서 에어 택시 상용 운항을 시작해, 그 모습을 전 세계에 첫 공개할 계획이다.

오사카·간사이 엑스포 행사장에서는 인공섬 유메슈와 오사카국제공항(이타미공항), 오사카 시내, 아와지섬 등을 연결하는 8개 노선이 검토되고 있다. 운항 사업을 담당하는 것은 4개사 그룹으로, 예를 들어 오사카 시내와 유메슈 사이를 연결하는 경우, 택시로 약 30분(요금은 6,000엔 정도)이 소요되는 것을 약 절반의 시간(요금은 6,000엔의 2~3배로 추정)으로 이동할 수 있을 것으로 보인다. 다호

[자료 5-22] ANA홀딩스와 제휴하는 미국 조비 에비에이션의 eVTOL
(출처: 조비 에비에이션)

택시(Daihotaxi)의 자회사 '소라토부 택시(SoraTobu Taxi)'처럼 독자적으로 사업화를 추진하는 움직임도 있다.

도쿄도도 에어택시의 사회 구현을 목표로 2022년 8월 미쓰비시토지, 일본항공, 가네마쓰에 의한 컨소시엄을 채택했으며, 오는 2024년 실증 실험을 한다. 미쓰비시토지는 오테마치·마루노우치·유락초 지역의 도시 조성을 추진하고 있으며, 이 지역과 나리타공항-하네다공항을 연결하는 노선이 탄생할 수도 있다.

현재 상용 운항이 가능한 4인승 이상의 기체를 제작하는 업체는 8곳이 있다. 토요타자동차가 출자하고 ANA홀딩스와 제휴하고 있는 미국 조비 에비에이션(Joby Aviation)은 날개에 6개의 프로펠러를 장착한 'S4'를 2024년에 세계 각국의 에어 택시 사업자에게 납품할 예정이며, 8개사는 이미 세계 각국의 사업자로부터 총 5,800대의 예약을 받고 있다.

풀어야 할 과제도 드러났다. 주류는 이착륙할 때나 순항할 때나 같은 프로펠러를 모터로 계속 돌리며 비행하는 이동식 날개형 eVTOL이지만, 전력 소모가 크고 1회 충전으로 비행할 수 있는 거리가 100km 정도에 불과하다. 하지만 차세대 배터리 개발이 빠르게 진행되고 있어 항속거리를 늘릴 수 있을 것으로 보인다. 출력이 필요한 이착륙 시에는 가스터빈 발전기를 돌리고, 이때 축전해 둔 배터리로 순항시켜 항속거리를 400~1,000km까지 단숨에 늘릴 수 있다는 아이디어도 있다. 유럽과 미국의 항공기 엔진 제조업체들이 속속 개발을 표명하고 있으며, 소형 제트기를 제작하는 혼다도 eVTOL을 위한 개발을 시작했다.

— 다카다 마쿠야(닛케이 크로스 트렌드)

054

자율항행 잠수정

검사용 어뢰를 탑재하고,
해저 파이프라인의 검사를 담당

:
:
:
:
:

기술 성숙 레벨 | 고   2030 기대지수 | 3.0

심해를 자동 운전(자율항행)으로 조사할 수 있는 잠수정이다. 가와사키중공업은 검사용 로봇 어뢰를 탑재한 자율항행 잠수정 '스파이스 원(SPICE-1)'을 개발하여, 영국의 해저 파이프라인 검사 회사에 납품이 확정됐다. 높은 신뢰성이 요구되는 심해 설비 검사 용도로 자율항행 잠수정이 채택된 것은 이번이 처음이다.

자율항행 잠수정은 3,000m급 심해 작업을 가정하고 해저 지형 관측 등 과학기술 조사나 자원 탐사, 해저 파이프라인 등 심해 시설의 검사 업무를 담당한다. 가와사키중공업은 해저 파이프라인 검사용으로 6 자유도 로봇 팔을 탑재한 '스파이스 원'을 개발했다. 해저 파이프라인의 검사 업무를 담당하는 영국 모더스 서브시 서비스(Modus Subsea-Service)에 2023년 내에 납품할 예정이다. 모

[자료 5-23] 가와사키중공업의 자율형 무인 잠수기 '스파이스'
자율항행하고 로봇 팔로 파이프라인을 근접 검사할 수 있다. 영국 모더스 서브시 서비스에 납품하는 '스파이스 1'의 크기는 전체 길이 약 5.6m, 폭 약 1.4m, 높이 약 1.1m. 수심 3,000m까지 잠항할 수 있다. (출처: 가와사키중공업)

더스 서브시 서비스는 북해 유전을 비롯한 전 세계 해저 파이프 라인 부설 해역에서 스파이스 원을 운용할 예정이다.

자율항행 잠수정이 해저 지형 관측 등 과학기술 조사나 자원 탐 사 등에 활용된 사례는 있었지만, 해저 파이프라인의 검사 업무 와 같이 높은 신뢰성이 요구되는 용도에 채택된 것은 이번이 처 음이다. 검사 자동화 및 인력 절감, 이에 따른 비용 절감과 안전 성 향상 등도 기대할 수 있다.

기존 무인잠수정은 해상의 모선(수상선)에서 작업자가 원격으로 조종하는 방식이 주를 이뤘다. GPS(전 지구 측위 시스템)의 전파가 닿 지 않는 해저에서 자신의 위치를 파악하며 자율항해할 수 있는 신뢰성 높은 시스템 개발이 어려웠기 때문이다. 하지만 원격 조 종에 의한 검사는 시간이 오래 걸리고, 전문 기술을 가진 오퍼레 이터의 인건비와 모선 운영비가 많이 든다는 것이 큰 문제였다.

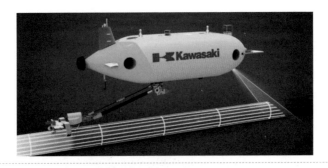

[자료 5-24] 스파이스가 해저 파이프라인을 검사하는 모습
로봇 팔의 선단에 검사용 센서를 탑재하고 있어, 팔을 파이프라인에 따라 이동한다. (출처: 가와사키중공업 공식 영상)

가와사키중공업은 IMU(관성항법장치)와 음향통신(소나)의 데이터로부터 계산으로 유도하는 방법으로 심해 자율항행의 핵심인 자기 위치 추정을 가능케 했다. 또한, 심해의 고압력을 견딜 수 있는 선체, 심해에서 기능하고 필요한 정보를 수집할 수 있는 파이프라인 검사, 밀폐도가 높은 잠수함에서 항해용 에너지 공급과 데이터 교환을 비접촉으로 하는 등의 기술 과제를 달성해 이번 채택을 성사시켰다.

스파이스 원은 모선과 복합 케이블로 연결되어, 전원을 공급하고 데이터를 주고받을 수 있는 도킹 스테이션에 연결된 상태로 선박에서 바다로 투입된다. 바닷속에서 도킹 스테이션에서 이탈하여 자율 잠항을 시작한다. 최대 4노트(시속 약 7.4km)로 목표물에 접근한다.

소나로 원하는 파이프라인을 찾으면 선체 하단의 6 자유도 로봇 팔을 내린다. 로봇 팔 끝에는 바퀴가 달린 받침대가 있는데, 여기에 카메라와 수중 전계 센서(녹이나 부식 부위에서 나오는 전계 상황을

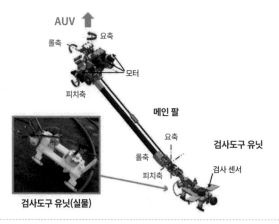

[자료 5-25] 스파이스가 탑재하는 로봇 팔

선체 하부에 부착되어 있으며, 파이프라인을 발견하면 내려서 검사를 시작한다. 로봇 팔 끝의 받침대가 파이프라인 위를 굴러간다. 조류에 의해 흔들리는 환경에서도 검사를 계속할 수 있도록 로봇 팔은 6 자유도를 가진다. (출처: 가와사키중공업)

감지하는 센서) 등 각종 검사용 센서를 탑재한다. 검사 시 받침대가 파이프라인 위를 굴러다니며 근접에서 센서의 데이터를 취득한다. 1노트(시속 약 1.85km)의 조류가 있어도 자세를 제어하면서 파이프라인을 따라 이동하며 검사를 계속한다.

리튬이온 배터리로 구동되며, 1회 충전으로 최대 8시간 항행, 30~40km의 파이프라인을 검사할 수 있다. 임무가 끝나면 해상 모선에 매달려 있는 도킹 스테이션을 소나에서 찾아 귀환한다. 배터리 충전과 검사 정보 회수는 비접촉식으로 이뤄진다.

– 우치다 야스시(닛케이 크로스 테크·닛케이 일렉트로닉스)

055

완전 자율주행

운전자가 타지 않고, 시스템이 운전의
모든 것을 담당(자율주행 레벨 5)

:
:
:
:
:

기술 성숙 레벨 | 저   2030 기대지수 | 58.8

완전 자율주행(자율주행 레벨5)은 운전자가 운전에 전혀 개입하지 않는 '운전자 없는' 자동차를 공공도로 등에서 자율주행하는 기술을 말한다. 아직 실현 가능성은 높지 않지만, 운전자의 실수로 인한 사고나 교통 체증 등으로 인한 운송 효율 저하를 막을 수 있다. 자율주행 트럭, 버스, 택시 등으로 물류와 대중교통에 혁명을 일으킬 것으로 기대되고 있다. 레벨 3 자율주행까지는 대응한 상용차가 이미 등장했다. 인력난에 시달리는 트럭과 버스 등 물류업계는 레벨 3을 건너뛰고 레벨 4 자율주행의 실용화를 서두르고 있으며, 정부도 이를 지원하고 있다.

일본 정부는 미국자동차기술자협회(SAE)의 기준을 바탕으로 운전 보조 수준인 레벨 1부터 완전 자율주행 수준인 레벨 5까지 5단계

[자료 5-26] 자율주행 레벨 3의 모습(이미지)
(출처: 메르세데스-벤츠)

로 자율주행을 분류하고 있다. 레벨 1~2는 운전자가 운전 작업을 수행하는 것을 전제로 하는 반면, 레벨 3~5는 시스템이 모든 운전 작업을 수행하는 상황을 가정한다. 레벨 3과 4는 운전자의 존재를 전제로 하고, 레벨 5는 운전자가 없는 상태를 목표로 한다. 당연히 자율주행 기술의 난이도는 레벨 5가 월등히 높다.

정부는 2024년을 목표로 신동명고속도로 일부 구간에 자율주행차 전용 차선 설치를 검토하고 있다. 특정 구역에 한해 운전자 없이 운전할 수 있는 레벨 4 자율주행을 주로 야간 트럭이 이용하는 것을 가정하고 있다.

독일 다임러트럭홀딩스(Daimler Truck Holdings) 산하의 미쓰비시 후소 트럭·버스는 이미 레벨 2에 해당하는 트럭을 출시했으며, 레벨 3을 건너뛰고 수요가 많은 레벨 4의 출시를 목표로 하고 있다. 미쓰이물산도 2026년부터 레벨 4 자율주행을 탑재한 대형 트럭을 이용한 물류 사업을 시작할 계획을 이미 밝힌 바 있다.

트럭 업계가 레벨 4 수준의 자율주행 도입을 서두르는 것은 2024년 4월 1일부터 운전에 종사하는 사람의 연간 초과근무 시간 상한이 960시간으로 제한되는, 이른바 물류의 '2024년 문제'에 대한 대책이다.

시판 중인 자가용에서는 레벨 3 자율주행의 실용화가 시작되고 있다. 레벨 3은 특정 조건에서 시스템이 운전을 담당하고, 필요에 따라 수동으로 전환하는 것이다. 2021년 3월 혼다가 출시한 '레전드'가 양산 차로는 세계 최초로 레벨 3에 해당하는 자율주행 기능 '트래픽 잼 파일럿(Traffic Jam Pilot)'을 탑재했다. 고속도로 정체 시, 시속 30km 이하로 내려가면 작동할 수 있다. 시스템이 켜지면 일정 조건에서 시스템이 주변을 모니터링하면서 운전자를 대신해 엑셀, 브레이크, 스티어링을 조작한다.

트래픽 잼 파일럿이 작동하는 동안 운전자는 내비게이션 화면에서 TV나 DVD를 시청하거나 목적지 검색 등 내비게이션 조작을 하는 것이 허용된다. 정체가 해소되어 속도가 시속 50km를 넘으면 시스템이 운전자에게 운전 교대를 요구한다. 운전자가 대응하지 않으면 자동으로 속도를 줄이고 갓길에 차를 세우고 멈춘다.

독일 메르세데스 벤츠 그룹도 2022년 9월부터 독일에서 신형 'S클래스'와 S클래스의 전기차(EV) 'EQS'에 유료 옵션인 '드라이브 파일럿'을 제공하면서 거의 유사한 레벨 3 수준의 자율주행을 제공하기 시작했다. 아우토반 등 고속도로에서 시속 60km까지 정체된 상황에서 작동한다. 메르세데스는 2023년 1월, 미국 네바

[자료 5-27] 후쿠이현 에이헤이지초의 레벨 4 자율주행 유료 이동 서비스
정부가 정한 주행 조건에 따라 안전을 최우선으로 운행하고 있다. (출처: 미쓰비시전기)

다주와 캘리포니아주에서 이 기능을 통한 자율주행을 신청, 승인받으면서 미국 최초의 레벨 3 자율주행 도입 업체가 됐다.

한정된 지역 내에서 '운전자 없는' 운전을 실현하는 레벨 4 자율주행 서비스도 시작했다. 2023년 4월 1일 시행되는 개정 도로교통법에 따라 일본 내에서도 레벨 4 자율주행이 가능해졌기 때문이다.

2023년 5월 28일, 후쿠이현 에이헤이지초에서 레벨 4 자율주행에 대응한 유료 이동 서비스가 시작됐다. 도로에 매설한 전자 유도선과 RFID(무선 IC) 태그의 정보를 바탕으로 미리 설정한 경로를 저속으로 주행한다. 고장 등으로 차량이 자동 정지한 후 대응 등을 위해 원격 감시실을 마련했다.

이번 이동 서비스는 경제산업성과 국토교통성이 추진하는 자율주행에 의한 이동 서비스 실현을 위한 국가 프로젝트 'ROAD to the L4'의 일환이다. 국립연구개발법인인 산업기술종합연구소(AIST, 산소겐)가 주관기관이 되어 미쓰비시전기, 야마하발동기, 솔리톤시스템즈와 공동으로 연구개발과 실증 실험을 진행해 왔다. 이들 4개 기업과 단체 중 자율주행 차량은 야마하가 개발했다. 자율주행의 제어 시스템 개발은 미쓰비시전기, 원격 감시 시스템 개발은 솔리톤이 담당했다.

현재 제공 중인 서비스는 지금까지 실증 실험을 해온 편도 약 8km의 '에이헤이지 산로 도로' 구간 중 일부인 약 2km 구간을 운전자가 동승하지 않은 상태로 주행하고 있다. 정부가 정한 조건에 따라 주행 속도는 시속 12km 이하로 제한하고 있다.

— 타카다 다카시(닛케이 크로스 테크·닛케이 자동차)

056

스티어 바이 와이어(SBW)

스티어링 휠과 타이어를
전기 신호로 연결하여 제어

:
:
:
:

기술 성숙 레벨 | **중**　　2030 기대지수 | **3.5**

자동차의 스티어링 휠과 타이어를 기계적으로 연결하지 않
고, 전기 신호로 타이어 각도를 제어하는 시스템이다. 자율
주행에 필수적인 기술로 꼽히면서, 부품업체들의 개발 경쟁
이 치열해지고 있다.

독일 ZF는 2023년 내에 스티어 바이 와이어(SBW, Steer by Wire) 양
산을 시작했고, 제이텍트(JTEKT)도 양산을 앞두고 있다. 토요타
는 전기차(EV) 'bZ4X'와 '렉서스 RZ'의 향후 출시할 일부 차종에
SBW를 적용할 예정이다.

　독일의 셰플러, 보쉬, 히타치 아스테모 등도 개발을 추진한다.
셰플러는 2025년에 소량 생산을 시작할 계획이다. 보쉬는 2020
년대 중반 시장 출시를 목표로 하고 있으며, 히타치 아스테모는
2026년경 양산을 예정하고 있다.

[자료 5-28] 토요타의 EV 'bZ4X'의 SBW 탑재 이미지
이형(異形) 스티어링 휠을 채택해 넓은 공간 연출에도 기여한다고 한다. (출처: 토요타)

각 사가 현재 개발 중인 SBW는 스티어링 축을 완전히 없애면서 안전성을 확보할 수 있는 것이 특징이다. 스티어링 축이 없어지면 스티어링 휠을 수납할 수 있다. 스티어링 휠의 모양이 원형에 얽매일 필요가 없어져 디자인성을 높이기 쉬워지는 장점도 있다.

스티어링 축의 유무에 관계 없이 SBW는 스티어링 휠의 회전각과 타이어의 조향각의 비율인 스티어링 기어비를 자유롭게 바꿀 수 있다. 이 기어비를 작게 하면 작은 스티어링 휠 회전량으로 타이어의 조향각을 크게 하여 차량의 방향을 바꿀 수 있다.

SBW의 개발이 가속화되는 배경에는 레벨 3 수준의 자율주행 시스템을 탑재한 차량 개발이 진행되고 있기 때문이다. ZF는 레벨 3 탑재 차량이 등장하기 시작하는 2030년경부터 SBW가 늘어나기 시작할 것으로 전망한다.

혼다는 2021년 3월, 고급 세단 '레전드'로 세계 최초로 레벨3를 실용화했다. 토요타는 같은 해 4월, 고급 세단 '렉서스 LS'와 연

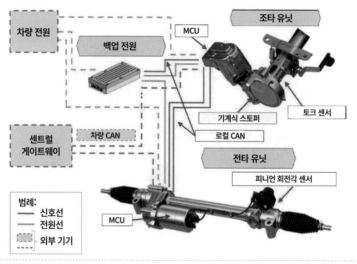

[자료 5-29] 제이텍트의 SBW 시스템 구성
조타 유닛과 전타 유닛에 2중으로 중복성을 부여한다. 전원 고장 시 백업 전원을 사용하는 구조다. (출처: 제이텍트)

료전지차(FCV) '미라이'에 첨단 운전지원 기술 '어드밴스드 드라이브(Advanced Drive)'를 탑재해 출시했다. 렉서스는 어드밴스드 드라이브로 레벨 2를 표방하고 있지만, 기술적으로는 레벨 3에 해당한다.

레벨 3와 SBW는 안전에 대한 기본 개념이 같고, 레벨 3용으로 개발한 부품을 SBW에 유용하기 쉽다. 양자의 공통점은 부품 고장 시에도 작동을 지속하는 '페일 오퍼레이셔널(Fail-Operational)' 개념이다. 스티어링과 같은 중요 부품의 전기 계통은 이중화 등의 대책이 필수적이다. 레벨 3를 상정한 스티어링 부품을 유용하면 축이 없어도 SBW의 페일 오퍼레이션을 실현할 수 있다.

SBW의 기본 시스템 구성은 스티어링 휠 쪽의 조타 유닛과 타

[자료 5-30] 히타치 아스테모가 시제품으로 제작한 마우스와 같은 새로운 조타 장치
고령자나 장애인 등 운전 약자를 포함한, 보다 많은 사람들이 레벨 2 정도의 차량에서도 사용할 수 있도록 하는 것을 목표로 하고 있다. 손끝으로 쉽게 조작할 수 있도록 하여, 핸들을 꺾는 것이 늦어져 사고를 일으키는 경우를 방지하는 것을 목표로 하고 있다. (출처: 히타치 아스테모)

이어 쪽의 전타 유닛, 백업 전원 등으로 이뤄져 있다. 조타 유닛과 전타 유닛은 각각 전자제어장치(ECU)를 탑재한다. 두 ECU 간통신을 통해 스티어링 휠의 회전각에 따라 타이어의 조타 각도를제어한다.

조타 유닛에는 회전량 감지용 센서와 모터가 탑재된다. 이 모터에는 운전자에게 '조타감'이 되는 반력을 가하는 기능이 있다. 전타 유닛도 모터를 탑재해 스티어링 휠의 회전량에 따라 타이어에힘을 가해 절삭 각도를 조절한다.

SBW 보급을 위한 가장 큰 과제는 비용 절감이다. 스티어링 휠을 이용한 SBW는 조타측과 전타측 모두에 모터와 ECU를 장착해야 하기 때문에 비용이 비싸다.

히타치 아스테모는 비용 절감 등을 고려하여 새로운 조타 장치를 개발했다. 이 장치를 사용한 SBW에서는 모터와 ECU는 전타 측에만 탑재하면 된다. 조타 특성을 결정하는 데 기본이 되는 '스프링', '히스테리시스', '댐퍼'라는 3가지 파라미터를 기계적으로 만들어냄으로써 조타 측에서 모터와 ECU를 생략할 수 있도록 했다.

제이텍트의 SBW는 토요타의 어드밴스드 드라이브용으로 개발한 부품을 유용하고 있다. 구체적으로 조타 유닛에는 ECU의 회로를 이중화한 컬럼식 EPS, 전타 유닛에는 마찬가지로 이중화한 라츠크식 EPS를 사용한다. 또한 양산 규모를 키워 비용을 억제하기 쉽게 하고 있다.

— 쿠보타 류노스케(닛케이 크로스 테크·닛케이 일렉트로닉스),
토미오카 쓰네노리, 혼다 코키(닛케이 크로스 테크·닛케이 자동차)

057

청색 레이저 용접

비철금속인 구리의 용접 및 가공에 강함

:
:
:
:
:
:

기술 성숙 레벨 | 고   2030 기대지수 | 3.1

청색 파장 영역인 400~465nm(나노미터) 부근의 빛을 발진하는 반도체 레이저를 사용하여 용접을 한다. 광원은 청색 레이저 다이오드를 사용한다. 가장 큰 특징은 비철금속인 구리의 용접과 가공에 강하다는 점이다. 하이브리드차(HEV), 전기자동차(EV) 등 전기자동차 생산 증가에 따라 구리 부품의 접합과 미세 가공 수요가 2~4배 증가할 것으로 예상돼 주목받고 있다.

구리의 용접과 가공에 강한 이유는 청색 레이저가 구리에 잘 흡수되기 때문이다. 흡수율은 약 60%로 높다. 더 많은 열에너지가 구리에 들어가 쉽게 녹기 때문에, 소비에너지를 줄이면서 높은 용접 품질을 얻을 수 있다.

이에 비해 현재 용접에서 주류인 적외선 레이저(990~1,070nm 부근)

청색 레이저 용접

기술 개요
- 레이저 용접 중 광원에 청색 파장 영역(400~465nm 정도)의 레이저를 사용한 것.
- 기존 적외선 레이저보다 구리 흡수율이 높다.

활용 이미지
- 구리 등 비철금속의 용접이나 가공.
- 전동차량의 모터나 2차 전지, 인버터에서 증가하고 있는 동선이나 전극의 용접이나 접합.

주요 기업
- 독일 Laserline·중국 United Winners Laser
- 후루카와 전기공업
- 파나소닉HD
- 시마즈제작소(발진기)

보급을 향한 과제
- 비용 절감을 통한 가격 절감
- 레이저 출력 향상을 통한 용접·가공력의 강화
- 빔 품질 향상을 통한 미세 가공 대응

[자료 5-31] 청색 레이저 용접의 개요
실용화에서 유럽과 중국이 앞서가고 있다. (출처: 닛케이 크로스 테크)

의 구리 흡수율은 5% 정도에 불과하다. 약 95%는 구리 표면에서 반사되고 만다. 적외선 레이저의 출력을 높여 구리에 무리하게 열에너지를 투입하면 용융 금속의 돌출로 인한 비말(스퍼터), 급랭으로 인한 공극(블로홀, blowhole) 등 용접 결함이 생길 우려가 있다.

전기자동차의 핵심 부품인 리튬이온 배터리와 모터, 인버터에 많이 사용되는 권선, 전극 등 구리 부품을 고품질로 접합하거나 가공하는 데 있어 스퍼터와 블로홀은 큰 적이다. 예를 들어, 배터리 생산 공정에서 스퍼터가 발생하여 이물질이 셀 내부로 유입되면 사용 중 발연이나 발화 문제가 발생할 수 있다. 청색 레이저 용접이

[자료 5-32] 후루카와 전기공업의 하이브리드형 레이저 용접기 'BRACE X'
니토쿠(NITTOKU)와 공동 개발했다. 모터용 권선의 구리선끼리 고품질로 용접한다. (출처: 닛케이 크로스 테크)

라면 결함의 원인이 되는 스퍼터와 블로홀의 발생을 줄일 수 있다.

실용화에서는 유럽과 중국이 앞선다. 독일의 레이저라인과 중국의 UW레이저가 견인하고 있다. 레이저라인의 특징은 고출력화이며, 3kW 출력의 용접기를 개발하고 있다. 청색 레이저 용접은 적외선 레이저에 비해 출력이 작다는 문제가 있다. 예를 들어, 수백W 정도에서는 두께가 0.5~수mm 정도인 구리 박막 용접에 사용할 수 있지만, 수mm 이상이 되면 사용할 수 없다.

UW레이저는 2kW급 청색 레이저 용접기를 개발하여 이미 중국 시장에서 실적이 있는 것으로 알려졌다. 이 회사는 청색 레이저 단독 출력 향상뿐만 아니라 적외선 레이저와 결합한 '하이브리드' 타입의 레이저 용접기 개발도 추진하고 있다.

결합하는 것은 500W 청색 레이저와 1.5kW의 적외선 레이저이다. 청색 레이저로 고체 구리를 가열·용융하고, 용융된 부분에 고출력 적외선 레이저를 조사하여 깊은 용융을 만들어 더 두꺼운 구리 부품의 용접과 가공을 실현한다.

청색 레이저의 출력을 억제하면서 출력 향상을 위해 적외선 레이저를 활용함으로써 가격을 낮추기 위한 목적도 있다. 구리는 녹아서 액체가 되면 적외선 레이저의 흡수율이 거의 100%가 된다.

1kW의 청색 레이저와 3kW의 적외선 레이저를 결합한 하이브리드형 레이저 용접기는 후루카와 전기공업도 개발하고 있다. 용접기를 사용하는 제조업과 공동 개발을 진행하며 실용 사례를 늘려가고 있다.

레이저의 품질, 즉 파이버 직경의 미세함에 특징을 가지고 있는 것이 파나소닉홀딩스다. 같은 청색 영역에서 파장이 다른 여러 개의 빛(445±20nm)을 회절격자(광학 프리즘)를 사용해 하나의 레이저로 집광하는 광파장 합성 기술을 개발했다.

이 기술을 통해 400W의 청색 레이저 용접기로 파이버 직경을 550μm(마이크로미터)까지 가늘게 만들었다. 광학렌즈를 사용하는 일반 청색 레이저 용접기의 경우 1kW 타입으로 파이버 직경이 300μm 정도라고 한다. 파이버 직경이 가늘수록 레이저의 직진성이 뛰어나다. 파나소닉홀딩스의 청색 레이저 용접기는 미세 가공에 적합할 뿐 아니라, 공작물에 대한 조사 위치 정확도가 높아 생산성을 높일 수 있는 장점이 있다.

— 오카오카 유타카(닛케이 크로스 테크)

058

상어 피부를 본뜬 기체 외판

미세한 삼각형 요철 구조를 채택하여,
마찰 저항을 줄이고 연비 향상을 목표로 함

．
．
．
．
．
．

기술 성숙 레벨 | 중   2030 기대지수 | 3.1

항공기 기체 표면에 상어 피부를 본뜬 '리블렛 가공(Riblet Processing)'을 적용해 연비 개선과 이산화탄소 배출량 감소를 목표로 하는 노력이 국내외에서 주목받고 있다. JAL과 ANA가 리블렛 가공을 적용한 기체의 실증 실험을 진행하고 있다. 리블렛은 미세한 삼각형의 요철 구조로 공기와의 마찰 저항을 줄일 수 있는 효과가 있다. 양사는 서로 다른 가공 방식을 채택하고 있으며, 니콘이 양사에 레이저 가공 기술을 협력하고 있다.

JAL은 우주항공연구개발기구(JAXA), 니콘, 오웰과 공동으로 기체 외판의 도막 위에 상어 피부를 모방한 리블렛 가공을 한 항공기로 비행시험을 실시했다. 대상 기종은 JAL이 보유한 여객기 중 소형 기종인 '보잉 737-800' 기종으로, 비행 시험에서 기대했던

[자료 5-33] 항공기 일부에 리블렛 가공을 한 '보잉 737-800' 기종
JAL은 연비 개선과 이산화탄소 배출량 감축을 전망한다. (출처: 닛케이 크로스 테크)

내구성을 확인할 수 있었던 것으로 알려졌다.

비행 중 기체 표면에는 공기의 미세한 소용돌이 흐름이 생겨 마찰 저항을 증가시킨다. 리블렛 가공을 통해 이 소용돌이를 기체 표면에서 멀리 떨어뜨려 마찰 저항을 줄이는 효과를 기대할 수 있다.

이번 리블릿 가공은 기체 도막 위에 직접 레이저 가공을 했다. 요철 높이를 50μm, 피치(요철 간격)를 100μm로 설정했다. JAXA에 의하면 "일반적으로 피치 대비 요철 높이를 절반으로 하면 마찰 저감 효과가 높아진다"고 한다.

JAXA는 리블렛 가공을 항공기 전면에 시공하면 약 2%의 연비 개선 효과를 기대할 수 있다고 추정하고 있다. 이는 도쿄에서 런던까지 '보잉 777-300ER' 기종으로 비행할 경우, 편도당 연료

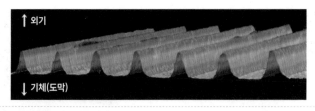

[자료 5-34] 리블렛의 현미경 확대 사진
상어 피부와 같은 요철을 도막 위에 도포했다. (출처: JAL)

로는 약 2,200kg, 이산화탄소로는 약 7톤을 줄일 수 있다는 것
이다.

실증 실험에서는 동체 하부의 점검용 개폐부(서비스 패널)에 2개
소, 각각 약 7.5cm 사방으로 가공했다. 유체적으로 영향이 적고
안전상 가장 위험이 적은 곳을 선택했다고 한다. 앞으로 넓은 면
적을 가공한 실증기로 비행시험을 계속하고, 국내선 대형기와 국
제선 기체에 순차적으로 확대할 예정이다.

JAL은 두 가지 가공 방법을 실험하고 있으며, 시공 장소에 따라
적합한 기법을 사용할 방침이다. 하나는 니콘의 기술로, 휴대용
레이저 가공기 등을 사용해 미리 덧칠해 두께를 늘린 도막 위에
레이저를 조사해 직접 요철을 형성하는 방식이다.

다른 하나는 도료와 표면처리제를 만드는 오웰의 기술로, 기존
도막 위에 수용성 틀(몰드)로 요철을 형성한다. 먼저 원하는 리블
렛 형상을 본뜬 수용성 몰드에 항공기와 동일한 도료를 도포해
필름으로 만든다. 다음으로 항공기의 기존 도막 위에 이 필름을
압착한다. 마지막으로 도막이 경화된 후 물로 세척하여 수용성
몰드를 제거하여 리블렛 형상을 기체 표면에 노출시킨다.

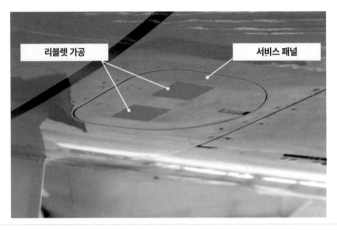

[자료 5-35] 리블렛 가공을 한 기체 동체 하부
리블렛 가공을 한 정사각형 1개의 크기는 약 7.5×7.5cm이다. (출처: 닛케이 크로스 테크)

    ANA는 JAL에 앞서 2022년 10월에 리블렛 가공 필름의 실증 실험을 발표했다. 리블렛 가공 처리된 필름을 동체 상단과 오른쪽 날개 뿌리 2곳에 부착해 필름의 열화나 변색 등 내구성을 확인했다. ANA는 "기체 표면의 80%에 리블렛 처리된 필름을 장착하면 연비를 약 2% 개선할 수 있다"고 추산했다. ANA가 보유한 모든 항공기에 적용하면 제트 연료로는 연간 95만톤, 이산화탄소로는 30만톤을 절감할 수 있을 것으로 예상된다. ANA는 필름을 리블렛 가공할 때 니콘의 레이저 가공 기술을 채택했다.

— 이시바시 타쿠마(닛케이 크로스 테크·닛케이 제조)

059

언박스드 프로세스
(Unboxed Process)

따로따로 준비된 모듈을 일체화하여
차량을 만드는 공법

:

기술 성숙 레벨 | 중   2030 기대지수 | 2.7

전기자동차(EV)를 대상으로 한 새로운 생산 방식이다. 차량을
어느 정도 완성된 부품 단위인 '모듈'로 나눠 따로 만든 뒤,
이를 조립해 하나의 차량으로 만드는 방식이다. 미국 테슬라
가 2023년 3월 선보인 아이디어로, 일본 자동차 업계에서는
"기존 자동차 업계에서는 좀처럼 나올 수 없는 발상"이라는
목소리가 나오고 있다.

언박스드 프로세스(Unboxed Process)에서는 차량을 6개의 모듈로 나
눈다. 차량 하부를 전방-중앙-후방 3개 모듈([1] 프론트 바디, [2] 플로
어, [3] 리어 바디)로 나눈다. 차량 상부도 좌우 및 뚜껑의 3개 모듈([4]
좌측 상부 바디, [5] 우측 상부 바디, [6] 도어 및 후드 등)로 나눈다. 이 6개의
모듈을 각각의 전용 라인(서브 라인)에서 조립하면, 후공정인 메인
라인에 각 모듈을 공급해 하나의 차량으로 조립한다. 발상으로는

언박스드 프로세스

기술 개요
- EV를 컴퓨터처럼 저비용으로 제조하는 방법
- 분할하여 만든 모듈에서 차량에 조립한다.
- 제조원가를 크게 절감할 수 있다.

활용 이미지
- 기존보다 훨씬 저렴한 EV 생산
- 단순한 라인으로 구성된 콤팩트한 공장 건설
- 작업하기 쉬운 생산 라인의 구축

주요 기업
- 미국 테슬라

보급을 향한 과제
- 충분한 바디 강성 확보
- 경년 열화에 의한 내구성 및 안정성의 확인

[자료 5-36] '언박스드 프로세스'의 개요
미국 테슬라가 고안했다. EV의 제조 비용을 대폭 삭감할 수 있다고 기대된다. (출처: 닛케이 크로스 테크)

컴퓨터 조립에 가깝다. 주요 부품을 따로따로 만들고, 이를 모아 최종 제품을 조립하는 '조합형(모듈형)' 제조업으로 볼 수 있다.

언박스드 프로세스의 목표는 제조 비용의 대폭적인 절감이다. 우선 리드 타임을 크게 줄일 수 있을 것으로 보인다. 생산 라인은 서브 라인과 메인 라인 2가지로 구성된 단순한 구성으로, 6개의 서브 라인에서 각 모듈 조립을 병렬로 처리한 후, 메인 라인에서 차량을 완성하는 방식이다. 따라서 리드 타임은 2개 공정분(서브 라인+메인 라인)이 소요된다. 이에 반해, 현재 생산 방식은 프레스 성형한 강판을 용접해 차체를 만들고, 도어를 떼어내고 내장 부품을 채운 후 다시 도어를 장착해 차량을 완성하는 방식이다. 따라서 리드 타임이 4공정분(프레스+용접+도장+최종 조립)으로 길다.

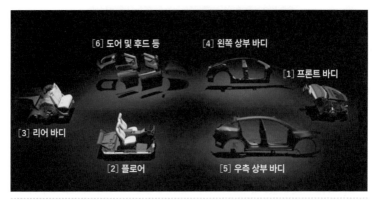

[6] 도어 및 후드 등 [4] 왼쪽 상부 바디 [1] 프론트 바디

[3] 리어 바디 [2] 플로어 [5] 우측 상부 바디

[자료 5-37] 6개의 모듈
차량을 모듈로 분할하고, 각각을 서브 라인으로 병행 조립한 뒤, 메인 라인에서 하나의 차량으로 조립한다. (출처: 테슬라의 동영상을 바탕으로 닛케이 크로스 테크가 작성)

생산라인의 소형화에 기여할 가능성도 있다. 중앙에 메인 라인을 설치하고, 좌우에서 각 서브 라인이 비스듬히 연결되는 '생선뼈'와 같은 생산 라인이 된다. 4개 공정(프레스+용접+도장+최종 조립)이 직렬로 연결되는 현재 생산 라인에 비해 '초소형 라인'이 될 수 있다.

테슬라는 생산 라인의 설치 면적을 40% 이상 줄일 수 있을 것으로 전망하고 있다. 그만큼 초기 비용을 절감할 수 있고, 공사 기간도 단축할 수 있다. 다만 이를 실현하기 위해서는 '충분한 차체 강성을 확보할 수 있느냐'가 관건이라는 지적이 자동차 전문가들 사이에서 나오고 있다. 현행 차체(모노코크 바디)는 섀시(골격)와 차체(바디)를 포함해 전체가 일체화된 구조이기 때문에 강성이 매우 높다. 이에 반해, 언박스드 프로세스 공정은 큰 부품인 6개 모듈을 최종 조립 공정인 메인 라인에서 연결해야 하기 때문에, 정확하고 견고하게 접합하는 것이 어려울 것으로 보인다.

그중에서도 주의가 필요한 것은 경년 열화(시간이 지나면서 기계적 성질이 약화되는 현상-옮긴이)다. 자동차는 10년 이상의 내용 연수를 필요로 한다. 출시 직후에는 문제가 없더라도 10년 이상 지나면 차체 강성이 안전 주행에 필요한 수준을 계속 유지할 수 있을지 불안하다는 것이 자동차 전문가들의 견해다.

한편, 자신들이 추구하는 이상적인 제작 방식을 목표로 내걸고, 이를 실현하기 위해 혁신적인 기술 개발에 힘쓰는 것이 테슬라의 방식이다. 언박스드 프로세스에서도 혁신적인 접합 기술을 개발해 극복할 가능성이 있다는 목소리가 공장 전문가들로부터 나오고 있다.

– 오카오카 유타카(닛케이 크로스 테크)

6장

의료·건강·식농

삶의 질을 향상

060

다중 특이성 약물 (Multispecific Drugs)

표적에 결합하여 파괴하는 등 기존과 다른
메커니즘으로 효과를 낼 수 있는 약제

:

기술 성숙 레벨 | 중   2030 기대지수 | 22.7

2개 이상의 표적에 대한 특이성을 가진 약물을 말한다. 기존의 저분자 의약품이나 항체 의약품으로 공략할 수 없었던 표적을 공략할 수 있다. 내인성(內因性) 효소나 세포를 생물학적 이펙터(Effector)로 활용함으로써 기존과는 전혀 다른 메커니즘으로 작용할 수 있다. 기존 저분자 의약품이나 항체의약품은 단일 표적에 대한 특이성을 가진 약물로, 표적 분자에 결합해 억제 및 저해하거나 활성화하는 방식으로 효과를 발휘했다.

다중 특이성 약물은 저분자 의약품부터 단백질 의약품까지 다양하며, 항체 약물 복합체(ADC), 표적 단백질 분해 유도제, 이중 특이성 항체 등이 임상 개발 또는 실용화 단계에 있다. ADC, 이중 특이성 항체를 가리켜 다중 특이성 바이오 의약품(Multispecific Bi-o Therapeutics) 등으로 부르기도 한다.

[자료 6-1] 미국 암젠의 데이비드 M. 리스 연구개발 담당 이그제큐티브 부사장
(출처: 닛케이 바이오테크)

다중 특이성 약물은 작용 기전에 따라 크게 두 가지로 분류된 다. 첫 번째는 특정 조직·세포에 전달하기 위한 부위와 약효를 발휘하기 위한 부위로 구성된 유형이다. 이 유형인 ADC는 특정 조직·세포의 표적 분자에 결합하는 항체와 항종양 효과를 발휘 하기 위한 약물로 구성된다.

두 번째는 치료 표적에 결합하는 부위와 치료 표적을 변형시키 거나 파괴하는 생물학적 작용기전에 결합하는 부위로 구성된 유 형이다. 이 유형인 표적 단백질 분해 유도제는 표적 단백질에 결 합하는 화합물과 E3 리가아제(Ligase, 연결 효소)에 결합하는 화합물 로 구성된다.

이중 특이성 항체도 이 유형으로, 항체의 한쪽은 암세포의 표적 분자에, 한쪽은 T세포의 표적 분자에 결합하는 T세포 인게이저 (Engager) 등이 이에 해당한다.

미국 암젠(Amgen)은 다중 특이성 의약품 연구개발에 주력하고 있는 바이오 기업 중 하나다. 연구개발 책임자인 데이비드 M. 리스(David M. Reese) 부사장은 "우리는 저분자 의약품 영역에서 많은 노력을 기울이고 있다. 그 대부분은 우리가 다중 특이성 약물이라고 부르는 것들"이라고 말했다.

암젠의 글로벌 R&D 총괄 부사장인 레이먼드 데샤이에스(Raymond Deshaies) 박사는 2020년 4월 네이처 지에 다중 특이성 약물에 대한 총설 논문을 발표하기도 했다.

— 쿠보타 후미(닛케이 바이오 테크)

061

노화세포 제거 요법

천연 성분 등을 이용하여
노화세포를 제거하는 치료법

:
:
:
:
:

기술 성숙 레벨 | 저   2030 기대지수 | 33.5

노화가 진행된 노화세포를 제거하여 건강 수명을 연장하는 요법이다. 노화세포가 염증 물질을 분비해 주변의 젊은 장기에 손상을 입히는 것을 방지한다. 노화세포의 아포토시스(Apoptosis, 세포 자살)를 막는 단백질의 작용을 억제하는 약물로 세포 사멸을 촉진해 노화세포를 제거하려는 시도가 이뤄지고 있다. 노령 실험쥐에서 유전자 조작을 통해 노화세포를 제거하면 동맥경화, 신장 장애 등 노년기 질환의 발병이 지연되는 것으로 보고됐다.

미국 유니티 바이오테크놀로지(Unity Biotechnology)는 2023년 4월 24일, 아포토시스 단백질을 억제하는 저분자 약물 'UBX1325'가 당뇨병성 황반부종 환자를 대상으로 한 임상시험에서 유리체 내 1회 주입으로 약 1년간의 시력 개선 효과를 보였다고 발표했다.

유니티 바이오테크놀로지의 아닐반 고슈(Anirvan Ghosh) CEO는 "UBX1325는 노화세포 표적치료제로는 처음으로 임상에 진입한 개발품으로, 성공하면 표준 치료제인 항혈관신생제의 치료 접근법을 재검토하는 계기가 될 것"이라고 말했다.

UBX1325는 아포토시스(세포 자살) 조절 단백질을 억제해 당뇨로 인해 손상된 안구 내 혈관에 축적된 노화세포의 아포토시스를 촉진하고 제거하는 약물이다. 안구 내 혈관이 막히거나 누출, 출혈로 인해 망막 중심부인 황반부가 부어 시야가 왜곡되면 시력 저하가 진행되어 실명에 이를 위험이 있다. 지금까지 사용되어 온 항혈관신생제의 경우, 1년에 여러 번 유리체 내로 주입해야 하기 때문에 환자들에게 투여 부담이 컸다.

한편, 도쿄대 의과학연구소 암 방어 신호 분야의 조무라 요시카즈 조교와 나카니시 마코토 교수 등은 노화세포에 강하게 발현하는 글루타민 대사효소를 억제하면 노화세포만 제거된다는 사실을 밝혀냈다.

나카니시 교수팀이 노령 실험쥐와 노화 관련 질환 모델 실험쥐에 글루타민 대사효소 억제제를 투여한 결과, 다양한 장기·조직의 노화 현상과 노인성 질환, 생활습관병이 개선됐다. 또한 "노화 세포에서 글루타민 대사효소를 억제하면 세포 내 PH(수소이온지수)가 낮아져 아포토시스가 유도된다", "암모니아를 과량 첨가해 배양액의 PH를 높이면 글루타민 대사효소 억제에 의한 아포토시스가 억제된다"는 사실도 밝혀냈다.

나카니시 교수가 발견한 글루타민 대사효소의 작용은 많은 노화세포에 공통적으로 나타나는 것으로, 적응성이 넓은 항노화 약물로 연결될 가능성이 있다.

– 코자키 조타로(의학·생명과학 기자),

카와마타 소에키타(작가)

062

비강 투여형 제제

기존에는 주사제만 가능했던 제형으로
간편한 비강 투여가 가능해짐

:
:
:
:
:

기술 성숙 레벨 | 중   2030 기대지수 | 8.5

비강(코)을 통해 투여할 수 있는 제제를 말한다. 2020년 출시된 저혈당 응급치료제(바크시미 비강분말제)가 2023년 3월에 승인되었고, 2024년 가을 출시 예정인 경구용 독감백신(플루미스트 비강 용액) 등이 있다. 기존 주사제만 있던 제제에 '비강 투여'라는 선택지가 추가됨으로써 투여가 간편해진다. 또한 최근에는 중추신경계 질환에 대한 약물 치료에서 비강 투여에 대한 연구개발이 진행되고 있다. 비강에 투여된 약물은 후각 신경 영역에서 뇌로 직접 이동하는 것으로 알려져 있으며, 혈액뇌관문 등을 우회하여 뇌로 약물을 전달할 수 있다.

하마마츠 의과대학 정신과의 야마스에 히데노리 교수 등 공동 연구팀은 2022년 1월, 테이진파마(Teijin Pharma)와 공동으로 개량한 옥시토신 비강 스프레이의 의사 주도 임상시험을 실시해 유효성과

6장. 의료·건강·식농 • **263**

안전성을 입증했다고 발표했다. 옥시토신은 뇌의 뇌하수체에서 나오는 호르몬으로, 사교성 개선에 효과가 있는 것으로 알려져 있다. 이 때문에 개량형 옥시토신 비강 스프레이는 자폐 스펙트럼증 치료제로 기대를 모으고 있다. 연구팀은 개량형 옥시토신 비강 스프레이의 다음 단계 임상시험과 승인 신청에 협력할 기업을 찾는다.

제약 스타트업 아큐리스파마(Aculys Pharma)는 2022년 11월부터 간질중첩증 또는 간질중첩증에 이를 우려가 있는 경련 발작 환자를 대상으로 항경련제 디아제팜 비강 투여 스프레이 제제의 국내 3상 임상시험을 시작한 바 있다. 이 약은 미국 뉴렐리스가 개발했으며, 아큐리스파마가 일본을 포함한 아시아 태평양 지역에서의 독점적 개발 및 상업화 관련 라이선스를 취득해 일본 내 개발을 진행하고 있다. 뉴렐리스는 2020년 미국식품의약국(FDA)으로부터 디아제팜 비강 스프레이에 대한 승인을 받았다.

제약회사로부터 비임상시험을 위탁받은 신일본과학은 코로 흡입하는 편두통약에 대해 미국 FDA에 승인 신청을 했고, 2023년 5월 승인받았다. 심사 종료는 2024년 1월경으로 예상되며, "2024년 여름에 첫 약을 판매하고 싶다"고 밝혔다.

신일본과학은 점막 부착성을 가진 비강용 분말 운반체를 만드는 기술과 비강 제제를 간편하고 확실하게 비강 내로 보내는 비강 투여용 장치를 개발하고 있다.

— 쿠로하라 유키(닛케이 바이오 테크)

063

엑소좀 치료

세포 유래 물질을 노화 치료에 활용

: : : : : : : : :

기술 성숙 레벨 | **저**　　2030 기대지수 | **14.9**

체내의 다양한 세포에서 방출되는 직경 100nm(나노미터) 전후의 지질막을 가진 소포체를 정제해 투여함으로써 조직 재생 등에 도움을 주는 연구가 진행되고 있다. 연구 성과에 앞서 민간에서는 엑소좀이 주목받고 있으며, 엑소좀을 이용한 노화 치료를 표방하는 미용 클리닉 등이 등장하고 있다.

생체 내 세포나 배양 중인 세포가 생산, 방출하는 직경 약 100nm 정도의 '세포외소포체(EVs, Extracellular Vesicles)'는 지질 이중막으로 둘러싸여 있으며, mRNA, miRNA 등의 핵산, 골격단백질과 각종 효소 등을 함유하고 있다. 세포에서 분비된 EVs는 체내를 순환하며 세포 간 정보 전달을 담당하는 것으로 알려져 있다.

　EVs가 생성되는 과정은 다양하며, 엄밀히 말하면 엑소좀은 엔도사이토시스(endocytosis, 음식물 작용)라고 부르는 과정에서 형성되는 소포체를 말한다. 세포는 엑소좀 이외의 EVs도 생산하여 방출하기 때문에, 최근에는 엑소좀이 아닌 EVs라는 명칭이 사용된다.

EVs의 임상 적용에 대한 기대가 높아지고 있다. 예를 들어, 간엽계 줄기세포(MSC) 유래 EVs를 분리·정제하여 투여하면 조직을 회복시키거나 면역을 억제할 수 있다고 알려져 있다. 전 세계 여러 연구팀에서 MSC 유래 EVs 개발을 진행하고 있으며, 임상시험도 시작되었다. 재생의료에 응용이 오랫동안 유력하게 여겨졌던 MSC의 많은 기능이 대부분 MSC가 분비하는 EVs에 의한 것임이 밝혀지고 있다.

최근에는 유전자 재조합 등을 통해 일부 기능을 변형한 EV를 개발하려는 움직임도 활발하다. 예를 들어, 변형된 EV에 특정 치료제를 내포하여 약물전달시스템(DDS)으로 활용하는 것이다. EVs는 전달 지향성을 갖는 것으로 시사되고 있어, 안전성이 높은 DDS 캐리어로 기대되고 있다.

일본 내에서도 EVs의 치료적 적용을 위한 연구개발이 본격화되고 있지만, 약사 규제가 불명확한 부분이 많았다. 일본 의약품 의료기기종합기구(PMDA)는 2023년 1월, '엑소좀을 포함한 세포외소포체(EV)를 이용한 치료용 제제에 관한 보고서'를 발표했다. 전문부회가 EVs 치료제를 개발·심사할 때 유의사항을 정리한 것이다.

한편, 자유 진료의 틀 안에서 '엑소좀 요법'을 실시하려는 움직임이 있다. 후생노동성이 2020년 4월에 설치한 재생의료 등 안전성 확보법 재검토에 관한 워킹 그룹의 보고에 따르면, 121개소 이상의 의료기관이 피부미용, 모발 재생, 발기부전 등을 대상으로 자유 진료로 배양액을 투여하고 있으며, 일부 의료기관이 배양액에 엑소좀이 포함된다고 소개하고 있는 것으로 알려져 있다.

– 사토 레나(닛케이 바이오 테크)

064

식물성 플라스틱 바늘을 이용한 백신 투여

모기 바늘에서 고안된 식물성 바늘을 이용

기술 성숙 레벨 | 중   2030 기대지수 | **5.7**

'피부에 찍는 것'만으로 백신을 피내 투여할 수 있는 장치의 개발이 진행된다. 바늘에는 생분해 가능한 식물성 플라스틱을 사용한다. 사람과 환경 친화적인 지속 가능한 의료기기를 목표로 한다.

의료기기 벤처기업 라이트닉스(Lightnix)는 식물성 플라스틱(PLA, 폴리락트산 플라스틱)으로 만든 주사 바늘을 사용한 백신 투여 장치를 개발 중이다. 실현되면 스탬프처럼 수직으로 누르기만 하면 높은 스킬이 필요한 피내 투여가 가능하다고 한다.

피내 투여는 표피와 진피 사이에 주사하는 방법으로, 근육주사나 피하주사에 비해 백신의 효과가 높고 백신량이 약 5분의 1로 줄어든다고 알려져 있지만, 이를 할 수 있는 인력이 부족했다.

라이트닉스는 PLA를 이용한 란셋 바늘(lancet needle, 손끝 채혈침) '핀

[자료 6-2] 라이트닉스가 개발 중인 백신 투여
장치(이미지)
(출처: 라이트닉스)

[자료 6-3] 백신 투여 장치 시제품
중앙이 PLA로 만든 바늘로 사용 후 자동 수납된다. 좀
더 소형화할 예정이다. (출처: 코노 마사키)

닉스 라이트(Pinnix Light)'를 개발 및 제조부터 판매까지 하고 있으며, 그 기술을 백신 투여 장치에 활용한다. 이 바늘은 생분해가 가능하며, 수술용 봉합사로 검증된 의료용 등급의 PLA를 사용한다. 금속 바늘은 개발도상국에서 제대로 폐기되지 않는 경우가 많아 큰 문제가 되고 있다. 실용화를 위해서는 백신 투여 장치로 의료기기 허가를 받고, 그 다음 백신 제조업체가 최적화한 백신을 조합한 장치를 의약품으로 허가받아야 한다. 우선 2023년 의료기기 승인을 받는 것을 목표로 하고 있다.

라이트닉스의 창업자 후쿠다 미츠오 씨는 사람에게 통증을 주지 않고 흡혈하는 모기 바늘의 메커니즘에서 힌트를 얻어 이 기술을 확립했다고 한다. 란셋 바늘, 백신 투여 장치에 이어 3단계로 바늘 자체를 체내에 넣어 약의 유효성분이 서서히 녹아 나와 효과가 오래 지속되는 장치를 개발한다. 여기서도 PLA를 사용하기 때문에 바늘은 체내에서 녹아 없어진다.

― 코노 마사키(스풀)

065

초미세 일회용 관절 내시경

외경 1.25mm로 주사 바늘처럼 가늘어
관절 내부를 확인 가능

:
:
:
:

기술 성숙 레벨 | **중**   2030 기대지수 | **7.7**

외경 1.25mm로 주사 바늘에 가까운 초미세 관절경(초미세 경성 내시경) 개발이 진행 중이며, 2024년 실용화를 목표로 하고 있다. 실용화되면 세계에서 가장 얇은 경성 내시경으로, 관절 내부를 관찰할 때 환자 부담을 줄일 수 있을 것으로 보인다. 선단부(끝 부분)는 일회용을 가정하고 있어, 멸균소독 작업이 필요 없어지는 등 의료 현장의 부담도 줄일 수 있을 것으로 기대된다.

2023년 4월 25일, 게이오대학교 의과대학 정형외과학교실 나카무라 마사야 교수와 게이오 포토닉스 리서치 인스티튜트(KPRI)의 코이케 야스히로 소장, 8K 기술을 이용한 내시경 시스템 등을 개발하는 에어워터가 공동으로 발표했다. 공개된 초미세 경성 내시경은 외경 1.25mm의 외통관에 플라스틱 광섬유로 만든 렌즈를

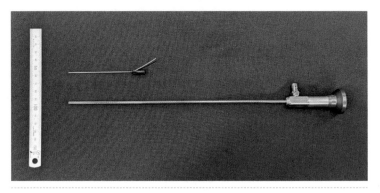

[자료 6-4] 초미세 경성 내시경(위)과 기존 경성 내시경(아래)
(출처: 에어워터)

넣은 구조로 되어 있다. 렌즈 두께는 0.1~0.5mm로 관찰하는 관절 크기에 따라 구분해 사용한다.

관절 내시경에 사용되는 내시경은 체내에 삽입하는 부분이 딱딱한 경성 내시경으로, 기존 제품들은 대부분 두께가 약 2~4mm 정도였다. 렌즈는 유리로 만들어져 깨지기 쉽기 때문에 지름을 줄이는 데 한계가 있었다.

나카무라 교수는 팁 부분이 18게이지 주사 바늘만큼 가늘기 때문에, 국소 마취나 무마취로도 검사가 가능해 입원이 필요 없게 될 것이라고 기대감을 나타냈다. 플라스틱 렌즈를 채택해 저비용으로 제조가 가능해졌고, 선단부는 일회용으로도 사용할 수 있다.

이 초미세 경성 내시경에 대해 무릎 관절뿐만 아니라 족관절, 팔꿈치 관절, 손목 관절 등 더 작은 관절의 검사에도 적용하는 검토를 진행한다. 또한, 혈관이나 척수 등의 검사에의 응용을 목표로 하고 있다.

다리와 무릎 등의 관절 검사로는 엑스레이 촬영, 초음파 검사, MRI 검사 등에 더해 관절 내시경 검사가 이뤄진다. 관절 내시경 검사는 관절 내부를 직접 관찰할 수 있어 보다 정확하게 증상을 진단할 수 있다. 반면, 절개에 따른 미용상의 영향과 환부의 감염 위험도 있고, 사용할 때마다 매번 내시경의 멸균소독 작업이 필요해 환자와 의료현장 모두 부담이 크다는 문제가 있었다.

— 핫토리 아키라(닛케이 메디컬)

066

심전계가 장착된 혈압계

심방세동을 조기에 발견하고 치료

:
:
:
:
:
:
:

기술 성숙 레벨 | 고   2030 기대지수 | 6.5

오므론헬스케어는 1대로 혈압 측정과 심전도 기록을 동시에 할 수 있는 심전계 부착형 상완형 혈압계를 제공하고 있다. 일반인이 구입해 가정에서 사용할 수 있지만, 의사의 지시에 따라 사용해야 한다. 의료기관의 임상연구와 진료 등에서도 사용 실적이 있으며, 2023년 8월에는 연구 성과를 소개하는 웹페이지를 공개했다. 오므론헬스케어와 스마트헬스케어협회는 약국을 방문한 고혈압 환자 등의 심방세동 위험을 심전계 부착형 혈압계로 평가하고, 필요하면 병원 진료를 권유하는 '진료 권고 모델'을 고안했다. 이 모델은 2023년 5월 현재, 일본 내 약 700개 약국에 도입되어 있다.

아인홀딩스는 심방세동으로 인한 뇌졸중 예방을 위해 2022년 7월부터 관동지역 약국 15곳에 진료 권고 모델을 도입했다. 측정을

[자료 6-5] 심전계 부착 혈압계를 이용하여 혈압을 측정하는 모습
(출처: 오므론헬스케어)

원하는 이용자는 전용 스마트폰 앱을 미리 다운받아야 한다. 측정하는 아인약국에서 팔에 커프를 감은 후, 앱을 실행하고 심전계가 달린 혈압계 본체 위에 스마트폰을 올려놓는다. 혈압계의 시작버튼을 누르고 손가락을 4곳의 전극에 접촉하면 혈압 측정과 심전도 기록이 시작된다. 앱의 화면이 심전도 기록 디스플레이가 된다. 측정과 기록은 약 30초 만에 완료된다.

심전도는 앱 내에서 분석되어 정상동조율, 서맥, 빈맥, 심방세동 가능성 등 6가지로 분류된다. 이용자는 심전도와 함께 6가지 중어떤 유형에 해당하는지 앱에서 확인할 수 있다. 기록된 심전도를 PDF로 변환해 의료기관을 방문할 때 의사와 공유할 수 있다.

혈압 측정 결과는 앱으로 전송되며, 지속적으로 사용하면 수치변화를 그래프로 쉽게 확인할 수 있다. 이용자는 병력, 자각증상 등을 묻는 체크시트도 작성한다. 약사는 심방세동과 뇌졸중에 대해 설명하면서 측정 결과와 체크시트를 확인하고, 필요 시 진료를 권유한다.

— 요시나가 마리(닛케이 드럭 인포메이션)

067

신경 활동 측정

뇌신경의 활동을 전자기 및
대사 변화를 이용하여 측정

기술 성숙 레벨 | 저   2030 기대지수 | 16.8

뇌파나 뇌자기장으로 측정한 뇌신경 활동 데이터를 바탕으로, 대화를 하거나 로봇이나 컴퓨터를 움직이거나 특정 부위의 뇌 활동을 변화시키는 것을 목표로 한다. 뇌과학을 응용한 기술이며, '95 BMI(Brain Machine Interface, 뇌·기계 인터페이스)'와 동의어이지만, 더 넓게 '뉴로테크'라고 부르기도 한다. 의식은 있지만 얼굴이나 몸을 움직이지 못해 의사소통이 어려운 '감금 증후군' 환자가 무언가를 상상하는 것만으로 의사소통을 할 수 있게 되고 있다.

오사카대학 고등공동창의연구원의 야나기사와 타쿠후미 교수는 시각 영역의 신경 활동을 통해 체외의 기계를 조작하는 '표상적 뇌−컴퓨터 상호작용(Representational Brain Computer Interaction)'이라는 기술의 연구개발을 진행하고 있다. 궁극적으로는 감금 증후군이 있

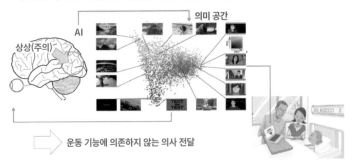

representational Brain Computer Interaction

외계의 정보(시각적 의미)와 뇌 내에서의 의미 표현을 대응시켜, 상상이나 주의에 의해 제어

의미 공간

AI

상상(주의)

운동 기능에 의존하지 않는 의사 전달

[자료 6-6] '표상적 뇌-컴퓨터 상호작용'의 개념도
시각 피질의 신경 활동을 통해 체외의 기계를 조작한다. (출처: 야나기사와 타쿠후시)

는 루게릭병(ALS) 환자에게 적용하는 것을 목표로 한다.

환자에게 어떤 이미지를 떠올리게 하고, 그때의 신경 활동을 측정해 컴퓨터 상에 이미지로 그려내고, 그 이미지를 이용해 환자와 소통하는 것을 상정하고 있다.

지금까지는 운동 영역의 신경 활동을 측정하고, 그 정보를 바탕으로 기계를 움직이는 연구가 진행되어 왔지만, ALS가 진행되면 운동 영역의 신경세포가 떨어져 나가기 때문에 측정이 어려웠다.

시각 영역의 신경 활동을 측정하기 위해서는 뇌에 전극을 삽입하거나 시트형 전극을 삽입하는 방법이 있지만 침습성(侵襲性, 염증 등이 번져 인접한 조직이나 세포에 침입하는 성질—옮긴이)이 높다. 이 때문에 뇌 외부에 장착한 장치로 측정하거나, 혈관 내 스텐트를 이용해 전극을 뇌에 삽입하는 등의 연구도 진행되고 있다.

측정한 신경 활동에서 연상한 이미지를 도출하기 위해 AI를 활용한다. 다양한 이미지를 보여줬을 때의 신경 활동을 AI에 학습시켜 놓고, 어떤 신경 활동으로 어떤 이미지를 떠올리는지를 추정한다. 학습과 추정을 반복함으로써 정확도를 높일 수 있다고 한다. 또한, 다른 AI를 이용해 이미지를 문장으로 표현할 수도 있다.

— 코이바시 리츠코(닛케이 메디컬)

068

수술 지원 로봇 원격 조작

원격지에서 네트워크를 통해
수술 지원 로봇을 조작

:
:
:
:
:

기술 성숙 레벨 | 중   2030 기대지수 | 31.0

원격지에 있는 지도의사가 현지의 수술 지원 로봇의 조작권을 부분적으로 전환하여 수술자로서 수술하고, 현지의 수술자(주치의)와 공동으로 수술하는 것을 말한다. 현지에 수술자가 입회하지 않고, 원격지에서만 로봇을 조작하는 '완전 원격 수술'은 안전성 확보와 법적인 측면에서 아직 허용되지 않고 있다. 기존 수술 지원 로봇에 원격 조작이 더해지면 의사의 이동 부담이 줄어들고, 나아가 지도를 받을 수 있는 기회가 확대될 것으로 기대된다.

2023년 3월 말, 약 150km 떨어진 두 거점 간에 수술 지원 로봇을 원격으로 조작하는 실증 실험이 진행됐다. 담낭 절제 수술을 하는 로봇을 아오모리현 무츠(Mutsu)종합병원에 설치하고, 이 로봇을 조작할 수 있는 콘솔을 히로사키대학 의학부 부속병원에도

[자료 6-7] 원격지에서 수술 지원 로봇을 조작하고 있는 모습
환자 가까이에서 수술하는 의사를 지도·지원하기 위해 수술 지원 로봇을 원격으로 조작한다. 리버필드의 수술 지원 로봇을 사용했다. (출처: 리버필드)

설치하여, 환자 근처에서 로봇을 사용해 수술하는 의사를 멀리 떨어진 곳에 있는 숙련된 의사가 지원하는 것이다.

무츠종합병원 의사가 로봇을 주로 조작하고, 어려운 조작을 할 때는 히로사키대학 부속병원의 지도의사가 무츠종합병원 의사를 대신해 로봇을 움직이거나 내시경 영상에 이미지를 보여주며 로봇을 움직이는 방법을 설명하기도 했다.

일본 내 실증 실험은 일본외과학회, 병원, 수술 지원 로봇 제조업체, 통신업체가 협력하여 진행하고 있다. 수술 지원 로봇 업체로는 일본 기업인 메디카로이드(Medicaroid)와 리버필드(Riverfield)가 참여한다.

2023년 4월 7일에는 후지타의과대학이 메디카로이드의 수술 지원 로봇을 이용해 도쿄도와 아이치현 간 약 300km를 연결하는

실시 시기	실증 시설	원격도[*1]	사용회선 (통신업체 등)
			수술 지원 로봇 메이커
2021/2	● 히로사키대학 의학부 부속병원(아오모리현 히로사키시) ● 무츠종합병원(아오모리현 무츠시)	중	유선(NTT동일본)
			리버필드
2021/4	● 고베대학 의학부 부속병원 ICCRC[*2](고베시) ● 통합형 연구 개발·창출 거점(고베시)	소	5G 무선(NTT도코모)
			메디칼로이드
2021/5	● 후지타의과대학(아이치현 도요아키시) ● 후지타의과대학 오카자키 의료센터(아이치현 오카자키시)	소	유선(전용회선)
			메디칼로이드
2021/7	● 홋카이도대학병원(삿포로시) ● 규슈대학병원(후쿠오카시)	대	유선(SINET[*3])
			메디칼로이드
2021/8	● 히로사키대학 의학부 부속병원(아오모리현 히로사키시) ● 무츠종합병원(아오모리현 무츠시)	중	유선(NTT동일본)
			메디칼로이드
2021/9	● 홋카이도대학병원(삿포로시) ● 시립 구시로종합병원(홋카이도 구시로시)	대	유선(NTT동일본)
			리버필드
2021/10	● 히로사키대학 의학부 부속병원(아오모리현 히로사키시) ● 기타사토대학 수의학부 부속 동물병원(아오모리현 도와다시)	중	유선(NTT동일본)
			리버필드
2022/3	● 규슈대학 의학연구원 부속 동물실험시설(후쿠오카시) ● 규슈대학병원 벳푸병원(오이타현 벳푸시)	중	유선(NTT서일본)
			리버필드
2022/5	● 도라노몬 회장(도쿄·항구) ● 신주쿠 회장(도쿄·신주쿠)	소	5G 무선(KDDI)
			리버필드
2022/11	● NTT 무사시노 연구개발센터(도쿄도 무사시노시)내에 실증환경	중	유선(NTT)
			메디칼로이드
2023/2	● 아카사카 회장(도쿄·미나토) ● MeDIP[*4](코베시)	대	5G 무선(NTT도코모)
			메디칼로이드
2021/3	● 히로사키대학 의학부 부속병원(아오모리현 히로사키시) ● 무츠종합병원(아오모리현 무츠시)	중	유선 (NTT동일본, 소프트뱅크, 도호쿠인텔리전트 통신[*5])
			리버필드

*1. 원격도: 두 거점을 연결하는 거리가 300km 이상일 때 '대', 100~300km 미만일 때 '중', 100km 미만일 때 '소'로 하였다. 거리에 관한 정보가 공개되어 있지 않은 경우는 편집부에서 대략적으로 계산했다.

*2. ICCRC: 국립암의료·연구센터

*3. SINET: 국립정보학연구소가 구축, 운용하고 있는 정보통신망

*4. MeDIP: 통합형 의료기기연구개발·창출 거점

*5. 도후쿠인텔리전트 통신은 2023년 4월 1일, '톡넷'으로 사명 변경

[자료 6-8] 메디칼로이드와 리버필드가 참여한 주요 실증 실험

2023년 3월까지 실시된 것을 원격 수술 가이드라인이나 기타 공개 정보 등을 바탕으로 정리했다.
(출처: 닛케이 크로스 테크)

원격 수술 지도 실증 실험을 진행했다.

수술 지원 로봇의 원격 조작이 가능해지면 지역 간 의료 격차 해소에 도움이 될 수 있다. 일본외과학회 원격수술실시추진위원회는 "인구 감소, 외과의사 수 감소 등의 사회적 과제 속에서 원격 수술은 양질의 의료 균등화에 기여하고, 지역 의료지원과 젊은 외과의사 교육에도 기여할 수 있는 진료 형태"라고 밝혔다.

경험이 적은 의사가 로봇 수술 기법을 익히기 위해서는 지도의사가 현지에서 직접 수술에 참여하는 것이 일반적이지만, 지방의 경우 지도의사의 이동시간을 고려하면 참석이 어려운 경우가 있다. 원격지에서 로봇 수술의 지도와 지원을 받을 수 있게 되면, 어디서든 수술 기법을 배울 수 있는 기회가 늘어나 지역 간 의료 수준 편차를 줄일 수 있을 것으로 보인다.

원격 조작의 과제는 콘솔과 로봇의 거리가 이전보다 훨씬 더 멀어지는 것에 대한 대처다. 또한, 응급상황 등에는 현지 주치의의 대응이 필수적이다. 거리가 멀어지면 통신 지연이나 흔들림 등이 나타나기 쉽다. 실증 실험을 통해 통신 지연이나 흔들림이 수술 조작에 미치는 영향과 조작에 필요한 통신 대역폭 등을 확인해 왔다. 여러 차례의 실증 실험을 거쳐 2022년 6월 일본외과학회가 정리한 '원격 수술 가이드라인'에서는 지연은 최대 100밀리초 이하가 바람직하다고 밝히고 있다.

지연에 대해서는 리버필드가 로봇에 구현하는 인코더를 고안했다. 화면의 일부 데이터가 모인 시점에서 부분적으로 압축 처리할 수 있도록 해 인코더로 인한 지연을 이전보다 줄였다. 흔들림에 대해서는 메디카로이드가 원격지에서 전송된 데이터의 흔들림을 흡수하는 구조를 개발했다.

또한 현지(수술실)에 숙련된 지도의사가 없는 상황에도 대응할 필요가 있다. 예를 들어, 지도의사와 주치의 측을 연결하는 네트워크가 끊어졌을 때 다른 회선으로 전환할 수 있도록 해야 한다. 전환이 불가능할 경우, 원격지원에 의한 수술을 중단하고 현지에서의 일반 수술로 전환하는 판단이 요구된다.

— 타카하시 아츠키(닛케이 바이오 테크)

069

간호 로봇

감지·판단·동작이 가능한 요양용 기기

기술 성숙 레벨 | 고   2030 기대지수 | 48.8

로봇 기술의 간호, 요양 이용에 대한 총칭이다. 후생노동성과 경제산업성은 중점 분야로 '이동 보조', '이동 지원', '배설 지원', '지켜보기·커뮤니케이션', '목욕 지원', '요양 업무 지원'의 6가지 분야를 정하고 있다. 로봇의 존재를 전제로, 요양보호사가 원활하게 일을 하고, 피요양인이 스트레스 없이 지낼 수 있도록 하는 움직임이 진행되고 있다.

센서나 카메라를 피요양자의 거실에 설치하고, 용태에 이상이 생기면 요양보호사에게 알려주는 시스템은 '지켜보기·커뮤니케이션' 로봇으로 기능이 추가되어 도입이 진행되고 있다. 하지만, 본서에 실린 '2023년 테크놀로지 기대도 순위'에서 압도적인 1위를 차지한 '간호 로봇'에 응답자들이 기대하는 것은 이동 보조나 이동 지원 등 간병인의 부담이 큰 분야에서의 지원일 것이다.

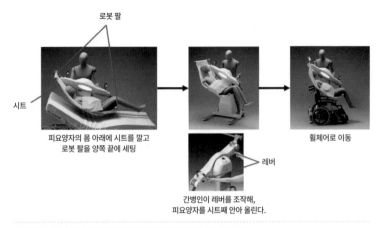

[자료 6-9] 사스케를 사용하여 침대에서 휠체어로의 이동을 돕는 과정
(출처: 닛케이 크로스 테크, 머슬)

FA와 의료기기 제어 시스템 등을 다루는 머슬(Muscle)은 이송 보조 로봇 '사스케(SASUKE)'를 개발해 2022년 8월 현재 약 600개 시설에 도입했다. 사스케는 '공주님 안아주기'처럼 피요양자를 옮긴다. 간병인이 침대에 누워있는 피요양자 아래에 시트를 깔고, 시트 양 끝에 팔을 끼운다. 레버를 조작하면 사스케가 피요양자를 일으켜 세우고, 시트 전체를 안아주듯이 휠체어에 옮겨 앉힌다. 시트가 피요양자를 받치며 지탱함으로서 탈구나 골절의 위험이 있는 피요양자에게도 사용할 수 있다. 간병인 2명이 아니면 이송할 수 없었던 피요양자를 혼자서도 이송할 수 있다.

사스케를 이용한 이동 보조라면 피요양자도 부탁하기가 쉬워진다. 사람 혼자서만 간병할 경우, 피요양자가 요양보호사의 허리 통증을 걱정해 휠체어로 옮겨 타는 것을 부탁하기 어려운 경우가 있는 것이 현실이다.

사스케는 간병인이 침대 곁까지 이동시킨다. 자동으로 움직이는 방법도 검토했지만, 현장의 목소리를 들어보니 로봇이 가까이 오는 것을 기다리는 시간이 간병인에게 스트레스로 작용한다는 것을 알게 되었다고 한다.

– 아쓰미 유리, 스기야마 센오리

(닛케이 크로스 테크· 닛케이 컴퓨터)

070

의약품 재고 관리 클라우드

약국의 과제인 재고 관리를 용이하게 함

기술 성숙 레벨 | **고**   2030 기대지수 | **5.6**

약국에서 의약품 재고를 쉽게 관리할 수 있는 디바이스와 클라우드 서비스가 사용되기 시작했다. 병원이나 치과, 피부과 등 원내 처방을 하는 진료소에서도 사용되고 있다. 의약품 아래에 매트를 깔기만 하면 주기적으로 무게를 측정해 클라우드 측에서 재고량을 파악할 수 있다. 자동 주문 시스템과 결합하는 것도 가능하다. 약국에서는 1,000여 종의 의약품 재고를 보유하고 있어, 재고 파악 작업이 현장의 부담으로 작용하고 있다.

스마트쇼핑이 제공하는 '스마트매트 클라우드'는 '스마트매트'라는 매트 위에 의약품을 올려놓으면 무게로 개수를 계산하고, 클라우드 서비스 측에서 재고량을 관리한다. 의약품 외에도 약봉지, 연고를 담는 플라스틱 용기 등을 올려놓고 관리할 수 있다.

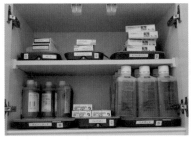

[자료 6-10] 스마트 매트에 의한 계측
의약품 등을 올려놓는 것만으로 수를 파악할 수 있다.
냉장고 안에서도 사용할 수 있다. (출처: 스마트쇼핑)

[자료 6-11] 스마트 패드의 종류
(출처: 스마트쇼핑)

A4 용지 크기 매트의 경우 30kg까지 탑재할 수 있으며, 10g 단위
로 측정할 수 있다.

매트는 위에 놓인 의약품 등의 재고 수를 주기적으로 측정해 클
라우드에 전송한다. 이용자는 관리 화면에서 재고 수를 확인할
수 있다. 미리 정해놓은 기준치 이하로 떨어지면 이용자에게 알
림을 보낸다. 또는 이메일 등을 통해 자동으로 발주한다. 스마트
매트 클라우드는 의약품 등에 부착된 '메디코드(Medicode)'와 연동
돼 있어, 메디코드가 부착된 의약품을 자동 발주할 수 있다.

기존 조제 약국용 재고 관리 시스템과 연동하는 것도 가능하다.
조제 약국용 재고 관리에 대해서는 여러 패키지 소프트웨어나 클

라우드 서비스가 있다. 그러나 재고 조사 등을 통해 재고 수를 정
확하게 파악해야 하기 때문에, 상당한 번거로움이 있었다.

— 타니시마 노부유키(닛케이BP 종합연구소 미래 랩)

071

인공육

식물이나 배양한 동물의 세포를 재료로 함

．
．
．
．
．
．
．
．

기술 성숙 레벨 | 중　　**2030 기대지수 | 24.4**

고기가 아닌 다른 재료로 진짜 고기와 같은 맛과 식감을 재현한다. 콩을 중심으로 한 식물성 원료로 만든 '대체육' 외에도, 소나 돼지 등 동물 세포를 배양해 만든 '배양육'도 주목받고 있다.

인공육 중 배양육은 소나 돼지의 소량 세포를 특수 장비를 이용해 대량 증식시켜 성형해 제조한다. 전 세계적으로 육류 수요가 늘어나는 가운데, 안정적으로 육류를 공급할 수 있는 방법으로 기대를 모으고 있다.

가축을 살린 채로 세포를 채취할 수 있고, 환경에 미치는 영향도 적다. 무균 배양으로 장기간 보관이 가능하고 식중독 발생이 적으며, 맛과 영양, 지방 함량 등을 조절할 수 있다는 특징도 있다.

배양육을 이용한 햄버거는 2013년에 처음 등장했으며, 유럽과

[자료 6-12] 도쿄대학과 닛신식품홀딩스가 개발한 배양육
(출처: 카토 야스)

미국, 이스라엘, 싱가포르 등을 중심으로 배양육 관련 창업과 사업 진출, 투자가 활발히 이뤄지고 있다. 특히 싱가포르 식품청은 배양육 판매를 2020년 12월, 세계 최초로 승인했다.

　이들 국가와 지역이 배양육 보급을 서두르는 이유로는 '식량 안보'를 들 수 있다. 신흥국의 식량 수요 확대와 기후변화 등으로 육류의 안정적 공급이 향후 위협받을 위험이 있다. 이에 대비하기 위해, 식량의 약 90%를 수입에 의존하고 있는 싱가포르는 2030년까지 식량 자급률을 30%로 끌어올린다는 목표를 세웠다. 싱가포르 정부는 국내 가용 토지가 적은 상황에서 육류를 생산할 수 있는 수단으로서 배양육에 기대를 걸고 있다.

― 쿠보타 류노스케(닛케이 크로스 테크·닛케이 일렉트로닉스)

072

나노진 육종

극소수(나노) 유전자(진)에 작용하여 품종을 개량

:
:
:
:
:
:

기술 성숙 레벨 | 고   2030 기대지수 | 11.7

10억분의 1(나노) 단위의 특정 유전자(gene, 진)를 효소 자극을 통해 잘라내어 의도적으로 품종 개량을 일으키는 기법이다. 다른 생물의 유전자를 주입하는 유전자 재조합과는 다르다. 자연계에서도 일어나는 유전자 결손을 인위적으로 재현해 물고기의 가식부(可食部, 식용이 가능한 부분—옮긴이)를 키우거나 사료의 양을 줄인다. 우량 개체를 골라 교배하는 선발 육종의 경우 품종 개량에 10~30년이 걸리지만, 나노진 육종은 2년 정도면 개량할 수 있다고 한다.

나노진 육종 스타트업인 리저널피시(Regional Fish)는 가식부를 1.2배 늘리면서 사료 양을 20% 줄인 '22세기 도미'와 성장성을 1.9배 높이고 사료 양을 40% 줄인 '22세기 복어'를 생산하여 판매하고 있다. 2가지 품종 개량 외에도 20개 정도의 품종을 추가로 개발 중

[자료 6-13] 식용이 가능한 부분을 1.2배로 늘린 '22세기 도미'
(출처: 리저널피시)

이다. 성장 속도나 육질뿐만 아니라, 가령 DHA(도코사헥사엔산)나 EPA(에이코사펜타엔산) 등과 같은 특정 영양성분을 늘리거나, 뼈를 줄여 먹기 좋도록 연하게 하는 등의 품종 개량을 염두에 두고 있다.

직경 1mm 정도의 물고기 알에 주사 바늘 같은 기구로 효소를 주입해, 원하는 유전자가 확실히 결손되었는지 확인한다. 그 개체를 부화시켜 성장시킨 후 돌연변이(개량 효과)가 있는지 검증한다. 효소 투입, 부화, 성장의 시행착오를 반복하며 도미와 복어의 개량에 성공했다. 개량에 성공한 성어에서 알을 채취해, 다음 세대를 안전하고 효율적으로 키우는 완전 양식 확립에도 힘썼다.

리저널피시의 방식은 교토대 기노시타 마사토 부교수가 연구하는 수산물 유전자 편집 기술을 기반으로 하고 있다. 완전 양식에 대해서는 킨키대학 수산 연구소의 지식을 활용하고 있다. 리저널피시는 기노시타 부교수를 이사 CTO(최고기술책임자)로, 근대수산연구소의 카토 케이타로 교수를 과학기술 고문으로 각각 초빙하고 있다.

– 카네코 요시에(프리랜서)

073

RNA 농약

유전자 기능을 억제하여 특정 해충만 방제

- ·
- ·
- ·
- ·
- ·
- ·
- ·

기술 성숙 레벨 | 고   2030 기대지수 | 11.9

'RNA 간섭'이라고 불리는 유전자의 작용을 막는 작용에 기반한 농약이다. 해충에 필수적인 단백질 생성을 막아 해충의 성장을 억제하는 등의 작용을 한다. 표적이 되는 해충 이외에는 영향을 미치지 않도록 설계할 수 있다. 생명 현상을 제어한다는 점에서 '바이오 농약'이라고 부르기도 하며, 기존 화학 농약의 보완 약으로 기대를 모으고 있다. 화학 농약형 살충제가 수분(受粉)에 필요한 꿀벌 등 익충에 악영향을 미치는 것이 전 세계적으로 문제가 되고 있다.

아지노모토연구그룹이 RNA 간섭을 이용한 RNA 농약의 양산 시스템을 구축했다. 기초생물학연구소(아이치현 오카자키시)와의 공동 연구를 통해 해충에 대한 생육 억제 활성을 확인했으며, 연구 성과는 2023년 3월 8일 일본농약학회 제48회 대회에서 발표됐다.

일반적으로 RNA(리보핵산)의 유전 정보는 단백질로 번역 합성되지만, RNA 간섭이 일어나면 유전 정보가 단백질로 번역되는 것이 억제된다. 아지노모토가 개발 중인 RNA 농약은 이 메커니즘을 이용하고 있다. RNA 농약은 작용하는 해충을 제한할 수 있고, 꿀벌과 같은 익충에 미치는 영향을 피할 수 있다. 또한, 적당히 생분해되기 때문에 토양이나 수권을 오염시킬 염려가 적고, RNA 농약에 내성을 보이는 해충이 출현하더라도 이에 맞춰 농약을 조절할 수 있다.

저비용으로 대량 생산하기 위해 글루탐산 생산 등에 이용 실적이 있는 코리네형 박테리아를 사용하는 기술을 개발했다. 개발한 생산 균주를 배양조에서 배양한 결과, RNA 간섭을 일으키는 이중가닥 RNA(dsRNA)를 배지당 1.0g/L 이상 생산할 수 있음을 확인했다. 이 생산 시스템을 채택하면 1ha에 배양액 1L를 뿌려주면 된다는 계산이 나온다.

생산한 dsRNA의 효능을 기초생물학연구소 진화발생연구부 니미 테루유키 교수와 공동으로 가지과 작물 해충인 이십팔점박이 무당벌레에 투여한 결과, 생육을 억제하는 효과가 나타났다.

무당벌레에는 익충도 있지만, 아지노모토 바이오파인연구소 머티리얼&테크놀로지 솔루션 연구소의 하시로 슈헤이 선임연구원은 "익충의 유전체 정보와 대조하여 안전성이 높은 dsRNA의 염기서열을 설계할 수 있다"고 본다.

글로벌 사업본부 R&D 기획부 인큐베이션 그룹의 우스다 요시히로 시니어 매니저는 "사업화에 있어서는 농약 기업과의 제휴를 희망하고 있다"면서, "원체(dsRNA)의 수탁 제조나 균주 라이선스 등을 생각할 수 있지만, 협의해 결정하겠다"고 말했다. 이어 "진균이나 감자 등에 심각한 피해를 주는 선충에 대해서도 dsRNA의 효과가 보고되고 있다. 사업화를 원하는 파트너가 있다면 제휴하고 싶다"고 밝혔다.

— 코자키 조타로(의학·생명과학 기자)

074

비건 가죽

균사체 섬유를 사용하여 가죽의 대체 소재를 제작

:
:
:
:
:

기술 성숙 레벨 | 고   2030 기대지수 | 13.0

비건 가죽(Vegan Leather)은 가죽을 대체할 수 있는 식물을 원료로 한 신소재다. 버섯, 사과 등을 사용하며, 동물성 식품을 피한다고 해서 '비건(식물성 식품만 먹는 사람)'을 붙여 부른다. 지속가능성과 윤리적 소비에 대한 인식이 높아지는 추세에 부응할 수 있다.

버섯의 뿌리에서 자라는 균사체라는, 면과 같은 섬유를 이용해 합성피혁을 개발하는 기업이 있다. 균사체를 이용한 가죽 대체 소재 '마일로(Mylo)'를 제작하는 미국의 스타트업 볼트스레드(Bolt Threads)다. 독일 아디다스, 캐나다 스포츠 의류업체 룰루레몬, 영국 패션 브랜드 스텔라매카트니, 일본 츠치야 가방 제작소 등이 마일로를 활용한 제품 개발과 판매를 진행하고 있다. 츠치야 가방 제작소는 2022년 12월부터 마일로를 사용한 소형 지갑을 판매하며, 책가방(란도셀)과 가방도 제작할 예정이다.

바이오 화학자인 탄 위드마이어 CEO가 주축이 되어 2009년에 볼트스레드를 설립했다. "우리의 사명은 38억 년의 역사를 가진 지구 생명체에서 탄생한 위대한 발명품을 활용하는 것"이라고 위드마이어 CEO는 말한다.

[자료 6-14] 가죽 대체 소재 '마일로'
(출처: 볼트스레드)

처음에는 거미줄의 단백질 구조를 응용한 실크 느낌의 실을 취급했지만, 협력 관계에 있는 브랜드에서 가죽 대체 소재에 대한 요구가 강해지면서 2018년부터 버섯 균사체 소재 개발에 착수했다.

버섯 균사체는 물과 공기, 생육 시 배지 표면을 덮는 멀칭재(톱밥 활용)만 있으면 재배할 수 있어 안정적인 공급이 가능하다. 볼트스레드는 재생에너지만을 사용하는 시설에서 버섯 균사체를 재배하고 있다. 약 2주 정도면 봉지에 넣어 으깬 솜사탕처럼 된다. 이를 수확해 색을 입혀 시트형 소재로 만들고, 표면에 화학적 가공을 가해 가죽처럼 만든다.

— 마쓰모토 히데키(실리콘밸리 특파원)

7장

라이프 스타일 · 워크 스타일

심신을 부드럽고 풍요롭게

075

스트레스 해소 앱

자연의 소리를 통해 스트레스 해소를 지원

:
:
:
:
:
:

기술 성숙 레벨 | 고   2030 기대지수 | 9.0

개인의 몸과 마음의 상태에 따라 기분 전환을 스마트폰으로 지원하는 앱으로, 이러한 앱을 '트랜스포머티브 테크놀로지 (Transformative Technology)', '웰빙 테크놀로지(Wellbeing Technology)'라 고 부르기도 한다(76번 '명상 앱' 참조).

폴라오르비스홀딩스(Pola Orbis Holdings)에서 연구개발 기능을 담당하는 폴라화성공업(POLA R&M)은 '미 풀니스(me-fullness)'를 제공하고 있다. 이용자의 얼굴 영상을 촬영하고, 이를 통해 피로도를 판단해 스마트폰 진동과 비주얼, 음악이 세트로 구성된 콘텐츠를 제공한다. 이용자의 상태를 파악해 각자에 맞는 최적의 콘텐츠를 제공하는 것이다. 야간에 사용하는 '오프타임 모드'를 선택하면 촬영 화면이 나오고, 프레임에 자신의 얼굴이 들어가도록 스마트폰을 들면 '피곤한 눈빛으로 보인다'와 같은 질문이 나온다. 이를 5단계

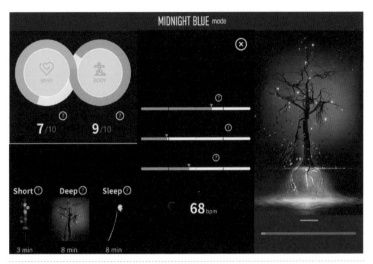

[자료 7-1] 폴라화성공업이 출시한 앱 「me-fullness」
(출처: 폴라화성공업)

로 평가해 답변하면 30초간 얼굴 동영상 촬영으로 넘어간다.

피부 상태를 통해 스트레스와 피로도를 추정할 수 있으며, 폴라화성공업이 보유한 수천 명의 피부 정보 데이터베이스를 활용한다. 또한 피부색 변화에서 심박수와 심박의 페이스도 읽을 수 있다. 빨라지거나 느려지는 등 흔들리는 것이 정상이고, 피로도가 심하면 흔들림이 없어진다.

얼굴 동영상에서 알 수 있는 데이터와 질문에 대한 답변으로 몸과 마음의 충만도를 판단하고, 간단한 설명과 함께 '지금 당신에게 추천하는' 스마트폰 진동과 음악, 비주얼이 세트로 구성된 콘텐츠 후보 3가지를 표시한다. 양손으로 스마트폰을 쥐고 촉각(진동)과 시각(비주얼), 청각(음악)에 작용하는 콘텐츠를 체험하며 긴장을 풀고 잠에 빠진다.

'온타임 모드'에서는 얼굴 촬영을 생략하고 손가락 촬영으로 대신해 간이 분석 결과와 진동, 그리고 비주얼이 결합된 콘텐츠를 제시한다.

앱을 체험한 뒤, 스트레스 정도를 파악할 수 있는 타액 중 코티솔을 측정해 보니 일정한 컴퓨터 작업 후 앱을 체험한 그룹이 비체험 그룹보다 스트레스가 유의미하게 감소했다. 이 기능은 산후 케어 앱 등에도 채택되고 있다.

— 코바야시 나오키(닛케이 크로스 트렌드)

076

명상 앱

마음의 안정과 숙면 등을 지원

기술 성숙 레벨 | **고**　　2030 기대지수 | **9.6**

수면, 마음챙김, 명상 등을 도와주는 앱을 총칭한다. 정신을 포함한 건강, 행복감을 중시하는 추세에 부응한다. 이 영역은 오래전부터 주목받아 왔으며, 앱에 디바이스를 더해 트랜스포머티브 테크놀로지(트랜스테크), 슬립테크, 웰빙 테크놀로지라고 부르기도 한다.

육체뿐만 아니라 정신까지 건강해지고 행복감을 얻기 위해 수면, 마음챙김(mindfulness), 명상 등이 주목받고 있다. 이를 지원하는 앱은 매우 다양하다. 대표적으로 미국 캄의 명상 앱 '캄(Calm)'이 있는데, 아이폰 이용자 20만 명을 대상으로 조사한 결과, '세계에서 가장 행복한 앱'으로 선정되었다. 캄 앱을 통해 다양한 콘텐츠를 경험할 수 있다. 슬립 스토리(잠이 잘 오는 이야기 낭독)와 마음이 편안해지는 음악, 자연음을 듣거나 명상을 할 수 있다.

명상 앱의 콘텐츠는 크게 3가지다. 첫째, 명상을 도와준다. 음성으로 명상을 안내하고, 강사가 온라인으로 조언하는 등의 경험을 할 수 있다. 다음으로 숙면을 유도한다. 다양한 낭독과 음악, 소리를 골라 들을 수 있다. 자기 전에 들으면 잠이 잘 오는 소리를 직접 만들 수도 있다.

다양한 측정 기능도 제공된다. 일상의 감정을 기록하고, 질문에 답하며 자신의 상태를 알 수 있다. 키보드 조작이나 스마트폰 문자 입력 속도를 지속적으로 측정해 마음의 상태를 파악한다. 또는 잠을 잘 때 주변 소리를 녹음하고, 문제가 있으면 해결책을 제안한다.

또한 트랜스포머티브 테크놀로지 혹은 웰빙 테크놀로지의 경우, 수면이나 마음챙김을 돕는 것 외에도 몸 상태를 체크하고, 운동을 장려하는 앱이나 디바이스도 포함된다.

— 미요시 토시(닛케이 클린테크 랩)

077

갱년기 대책

몸에 붙이는 센서로 데이터를 모으고,
건강 유지에 관한 조언을 제공

:
:
:
:

기술 성숙 레벨 | 고   2030 기대지수 | 30.0

취업률이 높은 갱년기 세대(45~54세)의 건강 유지를 위한 노력의 총칭으로, 이러닝이나 컨디션 모니터링과 같은 기술 활용도 포함한다. 갱년기에 접어들면서 나타나는 컨디션 저하, 정서적 불안정 등 갱년기 증상은 여성뿐만 아니라 남성에게도 나타난다. 여성의 경우, 갱년기 세대의 일하는 여성은 748만 명(총무성 노동력 조사. 2021년)으로 일하는 여성의 4분의 1을 차지하고 있어, 갱년기 여성이 일하기 좋은 환경을 조성하는 것이 중요해지고 있다.

일례로 싱크탱크인 미국 SRI인터내셔널과 거기서 탄생한 스타트업인 미국 리사헬스(Lisa Health)는 신체에 부착하는 센서나 스마트폰 등에서 얻은 데이터를 바탕으로 갱년기 등에 관한 지식과 대책에 대한 조언을 이용자의 상태에 맞게 제공하는 서비스를 진행하고 있다.

SRI는 갱년기의 대표적인 증상인 야간 열감이 수면장애를 일으 킨다는 연구를 지속해 왔으며, 관련 데이터를 축적하고 있다.

일본 내에서도 다양한 노력이 진행되고 있다. 마루이그룹은 2023년 2월부터 온라인 건강 상담 또는 온라인 진료를 1년간 무 료로 이용할 수 있는 서비스를 시작했다. 갱년기 고민이 있어도 산부인과 검진으로 이어지기 어려운 것에 대한 대처다.

다이와증권그룹은 갱년기의 이해를 돕는 이러닝 강좌를 마련하 는 한편, 산부인과 의사인 츠시마 루리코 씨의 동영상 강의인 '여 기부터 뷰티 일하는 여성의 건강 강좌'를 자체 제작했다.

다이이치생명홀딩스는 여성 특유의 고민에 대해, 전문가에게 라인(LINE)으로 부담 없이 상담할 수 있는 시스템을 만들고, 남성 호르몬(테스토스테론)을 타액으로 검사할 수 있는 키트와 자사만의 건강 증진 프로그램 시제품을 남성 직원에게 체험하게 하는 등 다 양한 지원을 하고 있다. PoC(실증)를 통해 새로운 테마 개발을 담 당하는 사내 조직과 연계하여, 갱년기 대책에 있어서도 최첨단 정 보와 기술을 도입하고, 스타트업 및 전문가들과 협업해 나간다.

이들 3사는 전문 조직을 마련하고, 갱년기를 포함한 건강 대책 에 관한 세미나와 워크숍을 정기적으로 실시하여, 상사나 주변 동료들의 이해를 높인 후 툴의 활용을 시작했다.

— 카토 쿄코(닛케이 엑스우먼), 타니시마 노부유키(닛케이BP 종합연구소 미래 랩)

078

안면 인증 결제

얼굴만 비추면 상품의 구매가 가능

:
:
:
:
:
:
:

기술 성숙 레벨 | 고   2030 기대지수 | 26.6

이용자가 단말기에 얼굴을 갖다 대는 것만으로 상품을 구매
할 수 있는 구조다. 현금이나 스마트폰 없이도 쇼핑을 할 수
있다. 얼굴을 정확하게 인식하는 기술은 발전하고 있지만,
이용자에게는 '심리적 장애물'이 남아 있다는 지적이 있다.

NEC는 2023년 4월 24일, 안면 인증으로 자판기 결제를 할 수
있도록 하는 서비스를 시작한다고 발표했다. 이토엔은 2023년 5
월 중순부터 이 서비스를 도입한 자판기 사업을 시작했다. NEC
는 음료 제조업체 등을 대상으로 안면 인증 결제를 위한 클라우
드 서비스와 안면 인증 결제 애플리케이션이 탑재된 태블릿 단말
기를 판매한다.

　이용자는 사전에 자판기에 부착된 QR코드를 통해 NEC 전용
웹사이트에 접속해 신용카드 정보, 얼굴 이미지, 상품 구매 시 비

실증 주체	실증 실험 개요
오사카 메트로	역 구내에 있는 팝업형 판매점 'Metro Opus'의 우메다점에서 2022년 4월부터 2023년 3월까지, 난바점에서 2022년 7월부터 2023년 3월까지 안면 인식 결제의 실증 실험을 진행했다.
니가타시 글로리	2022년 1월부터 2022년 2월까지 니가타역과 후루마치 지역을 잇는 '니가타 2km'에 있는 음식점, 옷 가게 등 10개 점포에서 안면 인식 결제 실증 실험을 진행했다.
파나소닉	2021년 11월부터 2022년 1월까지 '후지큐 하이랜드'와 주변 관광지, 관광지를 돌아다니는 관광버스 등의 결제에 안면 인증을 이용하는 '후지큐 얼굴 인증 디지털 버스' 실증 실험을 진행했다.
리테일 AI	2022년 4월 후쿠오카현 미야와카시의 '트라이얼 GO 와키다점'에 설치한 무인 계산대에 카메라를 설치했다. 직원과 시 직원을 대상으로 실증 실험을 진행했다.

[자료 7-2] 안면 인증 결제로 진행한 실증 사례
(출처: 닛케이 크로스 테크)

밀번호 등을 등록해 둔다. 그런 다음 자판기에서 상품을 선택하고 설치된 태블릿 단말기를 통해 안면 인증을 하고, 비밀번호를 입력한 후 결제한다. 신규 자판기뿐만 아니라 이미 설치된 기존 자판기에도 안면 인식 결제 시스템을 추가할 수 있다.

이용자는 빈손으로 상품을 구매할 수 있기 때문에, 현금 등의 반입이 어려웠던 공장이나 스마트폰 반입이 불가능한 시설에서도 자판기를 도입할 수 있다. 자판기를 설치하는 기업은 이용자의 허락 하에 이용자가 등록한 데이터를 마케팅에 활용할 수 있다.

NEC는 사무실 출퇴근 관리나 호텔 체크인 등에 이미 활용되고 있는 얼굴 사진 등의 ID를 자판기의 안면 인증 결제에도 활용할 수 있도록 할 예정이다.

안면 인증 결제의 실증 실험이 잇따르고 있지만, 실제 도입까지 이어진 사례는 많지 않다. 얼굴을 결제에 접목하는 데 있어 인증의 정확도나 등록한 정보를 보호하는 보안 등의 기술은 발전하고 있지만, 이용자들의 '왠지 모를 불안감'은 여전하다.

등록한 얼굴 이미지 데이터를 누가 보관하고 있는지, 어떻게 인증하는지 등을 알기 쉽게 설명하는 콘텐츠를 만들고, 문의에 대해 지원 부서에서 응대하면서 이용자들의 심리적 장벽을 낮출 필요가 있다.

— 츠츠이 소토_(닛케이 크로스 테크·닛케이 컨스트럭션),

타카시마 이토_(닛케이 크로스 테크·닛케이 네트워크)

079
패스키(passkeys)

비밀번호 없이 인증이 가능

비밀번호 대체 개념과 그 기술을 지칭한다. 비밀번호를 사용하지 않고 본인 인증을 위한 '인증 자격 증명'을 여러 기기에서 사용할 수 있도록 함으로써 사용 편의성을 높인다. 2022년 9월 이후 미국 애플과 구글이 스마트폰과 PC용 OS, 웹브라우저에 이 구조를 구현했다.

패스키는 패스워드 없는 인증에 힘쓰는 비영리단체 파이도(FIDO, Fast IDentity Online) 얼라이언스가 제정한 인증 규격의 사용 편의성을 높이는 구조다. 파이도 얼라이언스는 하나의 인증 자격 증명을 여러 단말기에서 사용할 수 있는 '멀티 디바이스 지원 파이도 인증 자격 증명'이라는 기능을 고안해 이를 '패스키'라고 부르고, 기업들이 패스키의 구조를 각각 구현할 수 있도록 했다. 이용자가 단말기를 교체하거나 고장·분실했을 때, 클라우드에 있는 패

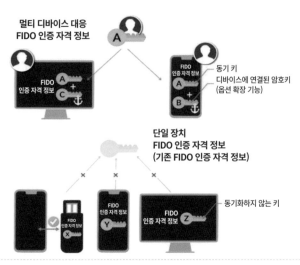

[자료 7-3] 멀티 디바이스 지원 FIDO 인증 자격증명(위), 기존 FIDO 인증 자격증명(아래)의 차이점
(출처: 파이도 얼라이언스)

스키를 새로운 단말기에 넣기만 하면 된다.

원래의 구조는 단말기의 생체 인증 등을 통해 본인 인증을 마치면 '파이도 인증 자격 정보'라는 '키'를 단말기에 생성하고, 이 키를 웹 애플리케이션이 있는 서버 측과 주고받으며 로그인하는 방식이었다. 이 방식이라면 패스워드를 보내는 것보다 안전성이 높다.

하지만 여러 대의 단말기를 사용하는 경우, 각 단말기에서 인증 자격 증명을 일일이 발급받아야 하는 번거로움이 있었다. 또한, 단말기를 분실하거나 새 단말기로 교체할 때 인증 정보를 다시 받아야 했다.

앞으로의 과제는 웹 애플리케이션(서버) 측의 대응이다. 패스키를 사용할 수 있도록 해야 하는데, 파이도 얼라이언스가 2022년

10월 발표한 조사에 따르면 유력 기업을 제외하면 아이디와 비밀번호 인증에만 의존하는 애플리케이션이 여전히 많다.

패스키를 도입하면 '패스워드를 잊어버렸다'는 문의에 대응하는 인력을 줄일 수 있다. 파이도 얼라이언스의 조사에 따르면, 비밀번호를 기억하지 못해 서비스 접속을 포기한 이용자의 비율이 과반수를 넘는 것으로 나타났다.

– 쿠니시 리사코(닛케이 크로스 테크 · 닛케이 컴퓨터)

080

BaaS(서비스형 뱅킹)

은행의 기능을 클라우드 서비스로 제공

:
:
:
:
:
:

기술 성숙 레벨 | 고   2030 기대지수 | 16.7

BaaS(Banking as a Service, 서비스형 뱅킹)는 금융 서비스를 하고자 하는 외부 사업자에게 API(애플리케이션 프로그래밍 인터페이스) 등을 통해 금융 기능을 제공하는 클라우드형 서비스의 비즈니스 모델이다. 이용자의 동선에 가까운 곳에 금융 서비스를 넣어, 잠재적인 니즈에 대응한다.

지금까지 BaaS에 도전한 것은 주로 신흥 은행들이었지만, 대형 은행들도 움직이고 있다. 미쓰비시UFJ은행과 NTT도코모는 2022년 12월, 디지털 계좌 서비스 'd스마트뱅크'를 시작했다. 도코모의 은행 서비스를 미쓰비시UFJ은행이 뒤에서 지원한다. d스마트뱅크의 잔액 조회, 입출금 내역 조회, 본인 확인, 계좌 등록 등 각종 기능을 개인용 인터넷 뱅킹 '미쓰비시UFJ다이렉트'의 기능을 통해 구현한다.

미즈호은행은 사업자가 전자화폐를 운영할 수 있도록 결제와 충전 기능을 제공하는 '하우스 코인 서비스'를 시작으로, 2022년 9월 야마토운수가 시작한 '냥페이(Nyanpay)'에 채택됐다. 미즈호은행의 현금 없는 결제 서비스 'J-Coin Pay'의 기능을 외부에 개방하는 것이다.

한편, 일찍부터 네오뱅크(NEOBANK) 브랜드로 BaaS에 임해 온 스미신SBI인터넷은행은 협력업체와 금융 서비스를 개발하면서 'pay 기능'을 범용화하여 가전제품 판매사인 야마다전기에 제공했다.

야마다·네오뱅크 이용자가 매장에서 결제하면 계산대에서 스미신SBI인터넷은행의 실시간 계좌이체 기능을 통해 결제 정보를 은행에 전달하고, 은행에 있는 이용자의 개인 계좌에서 대금을 인출해 야마다전기의 법인 계좌에 입금하는 방식이다.

매장 내 QR결제 서비스로 시작된 뱅크페이(Bank pay, 일본전자결제 추진기구 운영)는 사업자 앱에 금융 기능을 제공하는 인프라가 되고 있다. 2021년에는 사업자 앱에 전자화폐 충전 및 하우스 결제 기능의 외부 제공을 시작했고, 2022년에는 EC(전자상거래) 시 계좌이체로 결제할 수 있는 기능을 추가했다.

뱅크페이에 참여하고 있는 약 140개 금융기관은 가맹점이 될 사업자를 개척하는 과정에서 이러한 기능을 제안할 수 있다. 대기업부터 스타트업, 지자체까지 2023년 2월 현재 10여 개 기업이 도입을 결정했으며, 추가로 여러 기업과 구체적인 협의를 진행 중이라고 한다.

뱅크페이를 통해 BaaS에 진출한 지방은행도 있다. 서일본 씨티은행은 EC 사업자를 대상으로 2022년 10월, 대금을 은행 계좌에서 즉시 인출하는 결제 수단인 '은행 계좌 결제'를 제공하기 시작했다.

— 오카베 카즈시(닛케이 크로스 테크)

081

다정함을 주는 로봇

손가락을 내밀면 로봇이 부드럽게 깨물어주고,
행복감을 느끼게 해줌

.
.
.
.
.

기술 성숙 레벨 | **고**   2030 기대지수 | **1.6**

손가락을 살짝 깨물어 주는 '아마가미 하무하무' 로봇이다.
개발은 하드웨어 벤처기업 유카이 엔지니어링(Yukai Engineering)
이 맡았다. 유카이 엔지니어링은 꼬리를 흔드는 쿠션형 로봇
'쿠보(Qoobo)' 등으로도 히트했다.

'아마가미 하무하무(Amagami Ham Ham)' 로봇에 손가락을 내밀고 '안
녕'이라고 말하면 부드럽게 반복해서 깨문다. 기능은 그뿐인 이
로봇은 2022년 1월, CES 2022에서 등장한 이후 화제를 모았다.
　로봇의 메커니즘은 간단하다. 로봇에 손가락을 넣으면 윗입술
과 아랫입술에 해당하는 부품이 움직여 끼우기만 하면 된다. 일
련의 동작을 모듈을 '하무링 시스템'이라고 이름을 붙였다. 이 모
듈을 넣으면 다양한 인형들이 가볍게 깨물어 주는 것이 가능해
진다.

[자료 7-4] 자체 개발한 '아마가미 유닛'을 인형에 넣으면 '아마가미 하무하무'가 된다
(출처: 유카이 엔지니어링)

하무링 시스템은 컴퓨터로 제어되며, '하무고리즘'이라는 프로그램을 통해 다양한 깨물기 동작을 할 수 있다. 예를 들어, 맛보기 하무, 마사지 하무, 헛스윙 하무 등 다양한 깨물기 동작이 준비되어 있어 손가락을 넣을 때마다 다른 깨물기를 체험할 수 있다.

개발팀은 멤버들 자신의 육아 경험에서 아기가 깨무는 행동을 떠올려 로봇을 만들었다고 한다. "(영유아라는) 아주 짧은 기간에만 경험할 수 있는 행복한 시간을 재현할 수 없을까?"라는 생각으로 개발 프로젝트를 시작한 것이다.

첫 번째 작품으로서 '리브하트'는 '네무네무 애니멀즈'라는 인형과 콜라보한 모델을 출시했다. 순차적으로 종류를 늘려가고 있으며, 이미 4만 마리 이상을 판매했다.

유카이 엔지니어링은 아오키 슌스케 CEO가 2007년 '로보틱스로, 세계를 유카이로'라는 비전을 내걸고 창업했다. 가족용 커뮤니케이션 로봇 '보코(BOCCO)'와 '보코 에모(BOCCO emo)', 꼬리가 달린 쿠션형 로봇 '쿠보(Qoobo)' 등 색다른 로봇을 개발해 왔다.

쓰다듬으면 꼬리를 흔드는 로봇인 쿠보의 판매량은 미니 사이즈의 '프티 쿠보(petit Qoobo)'와 함께 시리즈 누적 4만 마리를 넘어섰다. 쿠보는 열성적인 팬을 보유하고 있으며, SNS에는 쿠보를 반려동물처럼 아끼고 사랑하는 게시물이 줄을 잇고 있다. 유카이 엔지니어링이 개최한 팬미팅에는 신청이 쇄도해, 추첨을 통해 참가자를 선정할 수밖에 없는 상황이었다고 한다.

– 모리오카 다이치(닛케이 크로스 트렌드)

082

액상 드로잉

식품으로 만든 드로잉 잉크로
액체에 그림 등을 그리는 것

기술 성숙 레벨 | **중**   2030 기대지수 | **2.0**

걸쭉하고 투명한 음료에 식품으로 만든 잉크로 로봇이 그
림을 그리는 기술이다. 산토리가 개발해 2023년 1월 CES
2023에 출품했다.

에스프레소 커피 표면에 크림으로 그림이나 메시지를 그려 넣은
라떼아트를 제공하는 카페를 심심치 않게 볼 수 있다. 앞으로는
음료의 표면뿐만 아니라, 음료 내부에 3차원 그림이나 메시지를
그릴 수 있게 될지도 모른다. 이런 꿈의 기술 'LiDR(Liquid Drawing,
액상 드로잉)'을 산토리가 개발했다. '음료로 직접 메시지를 전달하
는 것'을 목표로, 그림뿐만 아니라 메시지까지 그릴 수 있다.
　로봇 팔 등 장비를 저비용으로 양산할 수 있는 파트너를 찾아
'디자인 음료'를 제공하는 기술로, 향후 결혼식장이나 레스토랑,
경기장, 유원지 등에서의 활용을 목표로 하고 있다.

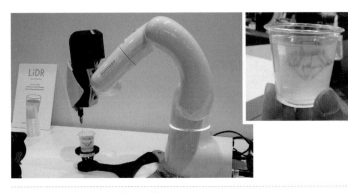

[자료 7-5] 로봇 팔이 음료 내부에 드로잉을 하는 모습
로봇 팔 끝에 부착한 주사 바늘에서 오징어 먹물 잉크가 나와, 투명한 음료에 입체 다이아몬드를 그린다.
(출처: 닛케이 크로스 테크)

 산토리가 CES 2023에서 선보인 시연에서는 물에 증점제와 설탕으로 걸쭉하게 만든 음료에 로봇이 오징어 먹물에서 추출한 잉크로 입체적인 다이아몬드 그림을 그려 넣었다. 로봇 팔 끝에 주사 바늘이 있고, 그곳에서 오징어 먹물 잉크를 뿜어낸다. 그려진 그림은 그대로 두면 1~2일 동안 유지할 수 있다. 물론 마실 수도 있다.

 음료 안에 그림을 그려 안정적이면서도 쉽게 섞이지 않도록 캔버스인 음료와 비중이 비슷하고 입자가 고운 잉크를 사용해야 한다. 시연에서 오징어 먹물에서 추출한 잉크를 사용한 것도 이 때문이다.

 음료 안에 잉크를 분사하는 유량, 움직이는 속도, 움직이는 방법에도 노하우가 있다. 이를 조합한 드로잉 프로세스에 따라 로봇 팔을 제어하는 소프트웨어를 개발했다. 이번 액상 드로잉 로봇과 소프트웨어는 프로그레스 테크놀로지스와 공동 개발했다.

－ 우치다 야스시 (닛케이 크로스 테크·닛케이 일렉트로닉스)

083

아바타 생성 서비스

나만의 3차원 아바타를 만들어 동영상을 전송

:
:
:
:
:
:

기술 성숙 레벨 | 고   2030 기대지수 | 9.8

자신의 분신 이미지인 아바타의 3차원 버전을 쉽게 만들 수 있는 서비스를 말한다. 가령, 스마트폰에서 자신이 원하는 아바타를 만들어 그대로 메타버스에 참여할 수 있다. 자신의 전신을 스캐너로 촬영해 이를 바탕으로 아바타를 만드는 시스템도 등장하고 있다.

2022년 9월 21일부터 12월 14일까지 기간 한정으로 개설된 한 '시설'에 340만 명이 방문했다. 다같이 온천에 들어가 사우나 등을 즐긴 후, 2022년 유행어인 '개운하다!(토토놋타!)'를 외치며 즐거워했다.

이 시설은 '빔스 디렉터스 뱅크가 선물하는 목욕 파라다이스와 별천지'이다. 셀렉트 숍을 운영하는 빔스가 인터넷에 개설한, 이른바 메타버스에서 지바현 나가레야마시에 있는 시설인 '류센지

[자료 7-6] '리얼리티(REALITY)'에 설치된 온천
(출처: REALITY)

의 오타카 온천'을 재현한 것이다.

이 메타버스는 스마트폰용 메타버스 '리얼리티(REALITY)' 위에 만들어졌다. REALITY용 앱의 다운로드 수는 1,000만 건을 넘어섰고, 이용자는 스마트폰의 REALITY용 앱에서 아바타를 만들어 메타버스에 참가할 수 있다. 온천에 온 것은 340만 명의 아바타들이었다.

방문자 특성을 살펴보면, 18세에서 24세가 약 60%를 차지했으며, 성별로는 여성이 63%로 가장 많았다. 이는 REALITY 전체 이용자와 거의 같은 비율이라고 한다. 국가별로는 일본 25%, 아시아 태평양 35%, 북미 21%, 기타 19% 순이다. 온천 시설은 일본 고유의 것이기 때문에 국내 편중이 높을 것이라고 생각했던 주최 측의 예상과는 매우 달랐다. 이 메타버스를 방문한 사람들이 실제 온천 '오타카'에 실제로 가는 흐름도 생겼다.

한편, 전신을 보디 스캐너로 촬영하고 그 데이터로 아바타를 자동으로 만들어 주는 시스템도 있다. 포켓알디(PocketRD)가 개발한 '아바타리움(AVATARIUM)'이 바로 그것이다. 키 120cm에서 200cm까지 촬영할 수 있다. 아바타의 데이터를 스마트폰으로 가져와 이용자가 편집하고 꾸밀 수 있다.

2021년 10월, '버추얼 시부야'에서 열린 핼러윈 행사에서는 인기 만화 〈명탐정 코난〉과 콜라보레이션을 통해 참가자들은 시부야에 설치된 아바타리움을 이용해 아바타를 만들어, 〈명탐정 코난〉 캐릭터들의 의상을 입고 헤어 스타일을 맞추는 등 즐거운 시간을 보냈다.

— 오타니 마유키(닛케이 엔터테인먼트 편집위원)

산업 메타버스

산업별로 준비하여, 숙련 작업자 부족 등에 대비

· · · · · · · ·

기술 성숙 레벨 | 중   2030 기대지수 | 50.5

디지털 공간 위에 작업 현장 등을 재현하는 것을 말한다. 메타버스를 통해 숙련된 작업자가 원격지에서 작업할 수 있는 산업용 메타버스로, 우선은 제조업을 대상으로 한다. 그러나 저출산 고령화에 따른 인력 부족과 숙련공 부족은 어느 산업계나 공통적으로 겪고 있는 문제이며, 이를 해결하기 위한 방법으로 보급이 기대되고 있다.

미국 마이크로소프트와 가와사키중공업은 원격 거점 간에 사용할 수 있는 공동 작업 시스템 '인더스트리얼 메타버스'를 개발하여, 2023년 4월 독일 하노버에서 열린 산업 전시회 '하노버 메세 2023'에서 독일과 일본을 연결하는 시연을 실시했다.

가와사키중공업의 유전자 검사 장치를 독일 전시장과 일본 양쪽에 설치하고, 실제 기기로부터 수집한 데이터를 바탕으로 마이

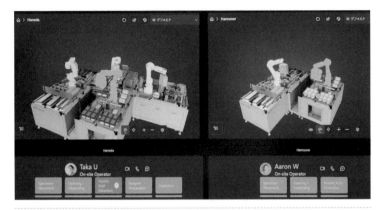

[자료 7-7] 디지털 트윈으로 가상화한 설비

설비의 디지털 트윈을 구축해 전문가가 원격지의 현장 상황을 파악할 수 있도록 했다. 사진 왼쪽이 일본 측, 오른쪽이 독일 측 설비 상태를 나타낸다. (출처: 가와사키중공업과 마이크로소프트의 자료를 닛케이 크로스 테크가 촬영)

크로소프트의 클라우드 서비스에서 장치를 재현했다. 헤드 마운트 디스플레이(HMD)를 착용한 독일 측 전문가가 HMD를 통해 메타버스 상에 있는 일본 측 장비의 상태를 파악하고, 마찬가지로 HMD를 착용한 일본 측 담당자에게 지시를 내렸다.

해설을 맡은 진행자는 일본 측 장비에 과부하 오류가 발생해, 이를 확인한 독일 측 전문가가 재시작 지시를 일본 측에 보내는 것이라며 원격 지시 사례를 설명했다.

이 밖에 가와사키중공업의 유전자 검사 장비는 산업용 로봇과 PLC(Programmable Logic Controller) 등을 조합한 것으로, 취급에는 전문적인 지식과 경험이 요구된다. 따라서 그동안은 장치를 처음 가동할 경우, 전문가가 현지로 이동해야 하는 불편함이 있었다. 그러나 산업용 메타버스가 있으면 전문가가 현지로 이동하지 않고도 원격지에서도 문제 해결 등에 대응할 수 있다.

가와사키중공업은 사용자로서 산업용 메타버스 개발에 참여하고 있으며, 사내에서도 활용하고 있다. 해설 담당자는 전시회에서 "향후에는 타사에서도 사용하면 좋겠다"며 외부 판매 가능성을 시사했다.

— 사이토 쇼지(닛케이 크로스 테크·닛케이 제조)

085

인재 매칭 알고리즘

직원과 부서의 희망에 따라 인재 배치를 최적화함

:
:
:
:
:

기술 성숙 레벨 | **고**   2030 기대지수 | **29.3**

직원이 원하는 부서와 부서가 원하는 직원의 조합을 최적화한다. 양측에서 제출한 우선순위가 부여된 희망 정보를 바탕으로 최적의 배치 결과를 결정하는 알고리즘이 개발되고 있다.

임상 검사 장비, 검사 시약 등을 생산하는 시스멕스(Sysmex)는 인재 매칭 알고리즘을 개발해 2021년 신입사원 배치부터 활용하기 시작했으며, 일반 직원에게도 적용을 추진하고 있다.

2021년도 신입사원의 배치 부서는 15개 부서로, 각 부서가 신입사원에게 자신의 부서를 소개했다. 다음으로 신입사원이 자기소개를 한다. 양측의 프레젠테이션이 끝나면 신입사원은 1차 희망 부서부터 부서를 선택하고, 원하는 부서가 없어지면 '해당 없음'을 선택한다. 희망 부서가 많을수록 매칭 가능성이 높아지기 때문에 이런 방식을 택했다.

각 부서는 원하는 신입사원을 우선순위를 매겨 나열하고, 양측의 희망 정보를 매칭 알고리즘에 입력해 배치를 결정한다.

매칭 알고리즘 도입 후, 신입사원과 부서 모두의 희망이 반영되면서 신입사원의 몰입도가 높아졌다고 한다. 기존에는 인사부서에서 신입사원의 의사를 물어본 후 배치안을 결정하고, 배치될 부서를 타진하는 방식이었다. 일반 직원의 경우에는 어떤 직급과 미션을 맡겼으면 좋겠다는 상사와 본인의 희망사항을 제출받아 매칭하는 방식이었다. 직무형 인사제도로의 전환에 따라 계장 이하 직원에게 3단계의 등급을 부여하고, 각각 2가지 미션 유형을 설정해 등급과 미션에 따라 처우가 달라지도록 했다.

매칭 대상 직원 약 1,300명 중 희망대로 매칭된 비율은 약 94%다. 6%는 희망 배치처가 정원 초과이거나 희망사항을 기재하지 않은 경우였다고 한다.

"직무형 인사제도의 틀 안에서 자신의 커리어를 스스로 선택할 수 있는 세상을 만들고 싶었다"던 시스멕스의 마에다 신고 인사본부장이 코지마 후히토 교수를 만나 함께 개발하게 되었다. 코지마 후히토 교수는 도쿄대학 마켓디자인센터(UTMD)의 센터장으로서, 매칭 이론과 시장디자인을 연구하고 있었다. 마에다 신고 본부장은 UTMD의 지원 아래, 시스멕스에 최적화된 매칭 알고리즘을 공동 연구했다.

– 요시카와 카즈히로

(닛케이BP 종합연구소 휴먼 캐피털 온라인 작가)

8장

IT·통신

오감 전달, 뇌와의 직결 등
인간과의 융합이 진행

086

실리콘형 양자컴퓨터

초전도형에 비해 온화한 조건에서
소음을 제어할 수 있고, 소형화가 용이

:
:
:
:
:

기술 성숙 레벨 | 저   2030 기대지수 | 27.1

컴퓨터에 사용되는 실리콘 반도체의 제조 기술을 이용해 소형의 양자컴퓨터를 구현하는 기술이다. 양자컴퓨터의 주류인 초전도형에 비해 온화한 조건에서 작동하고, 소형화하기 쉽다. 간단한 연산이나 양자컴퓨터의 도입 검토 등의 용도로 개발이 진행되고 있다.

실리콘형 양자컴퓨터는 미국 IBM 등이 개발하는 초전도형 양자컴퓨터에 비해 온화한 조건에서 소음을 제어할 수 있는 것으로 알려져 있다. 장치 소형화에 유리해 1m 정도 높이의 본체 안에 냉각기, 연산 칩 등을 담는 시스템을 구현할 수 있다고 한다. 산업기술종합연구소 연구팀이 2022년 12월 열린 전시회에서 실리콘형 양자컴퓨터 제어용 회로 시제품 칩과 양자 계산을 담당하는 기본소자 '양자비트'의 시제품 웨이퍼를 처음으로 전시했다. 이들

[자료 8-1] 양자 계산을 담당하는 기본 소자인 양자비트의 시제품 웨이퍼
(출처: 닛케이 크로스 테크)

기술을 응용하면 소형 양자컴퓨터를 개발할 수 있다는 설명이다. 전시된 칩 등은 산업기술종합연구소 디바이스 기술연구 부문 수석연구원인 모리 타카히로씨 등의 연구팀이 이바라키현 쓰쿠바시의 거점 내에 있는 시제품 공용 라인에서 제작한 것이다. 앞으로 양자비트 수의 증가와 오류율 감소를 위한 설계를 검토할 예정이다.

이러한 요소 기술을 결합한 소형 양자컴퓨터의 실용화를 목표로 하는 것은 양자 관련 소프트웨어를 개발하는 스타트업 블루캣(Blueqat)이다. 간단한 연산에 사용할 수 있는 소형 양자컴퓨터 시제품을 오는 2024년 3월에 개발할 계획이다.

산업기술종합연구소나 양자컴퓨터 요소기술을 가진 기업과 협력하여 '개방형 실리콘 퀀텀(Open Silicon Quantum)'이라는 개발 프로젝트로 진행하며, 데이터 센터에 연결하여 클라우드를 통한 서비스 제공을 상정하고 있다.

— 사토 마사야(닛케이 크로스 테크)

087

양자 오류 정정

0과 1을 중첩하는 양자비트의 오류를 정정

:
:
:
:
:
:
:

기술 성숙 레벨 | 저   2030 기대지수 | 8.7

양자컴퓨터의 연산 오류를 보완하여 오류율을 낮추는 기술
로, 양자컴퓨터를 실용화하기 위해 해결해야 할 '6대 난제' 중
하나로 꼽힌다. 미국 구글이 2023년 2월, 이 기술을 실제로
사용할 수 있음을 입증했다고 발표했다.

양자컴퓨터는 대규모 화학 실험의 시뮬레이션 등 현재 컴퓨
터로는 어려운 계산 처리를 가능하게 한다고 한다. 이를 위해
서는 수십억 번의 양자 연산이 필요하며, 연산 오류율을 최소
0.0001%(100만 회에 한 번)에서 0.0000001%(10억 회에 한 번) 정도로 낮
춰야 한다.

현재 양자 연산의 오류율은 기껏해야 0.1% 정도다. 앞으로 오
류율을 3~6자리까지 개선하는 것은 어려울 것으로 예상되며, 양
자컴퓨터를 개발하는 기업이나 연구기관들은 여러 개의 물리 양

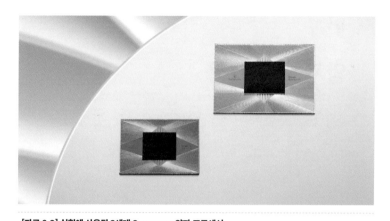

[자료 8-2] 실험에 사용된 3세대 Sycamore 양자 프로세서
기존 제품보다 게이트 오류율을 낮추고, 데이터 양자비트와 측정 양자비트의 수를 늘려 양자 연산의 오류율을 낮췄다. (출처: 구글)

자비트(bit)를 이용해 오류를 보완하는 양자 오류 정정 기술 개발을 진행하고 있다.

양자 오류 보정의 주류인 '표면 부호(Surface Code)'라는 방식은 실제 데이터를 담는 '데이터 양자비트'와 데이터 양자비트에 오류가 발생했는지 확인하는 데 사용하는 '측정 양자비트'를 나란히 배치한다. 측정 양자비트에서 얻은 정보를 외부의 기존 컴퓨터로 분석하여, 데이터 양자비트의 오류를 보정한다.

이론적으로는 데이터 양자비트와 측정 양자비트의 수를 늘리면 늘릴수록 양자 연산의 오류율을 낮출 수 있지만, 이를 위해서는 물리 양자비트의 오류율이 어느 정도까지 낮아야 한다. 구글은 양자 오류 정정에 사용하는 물리 양자비트의 수를 늘려 양자 연산 오류율을 낮추는 데 성공했다.

구글은 양자컴퓨터 구현을 위한 6대 난제 중 두 번째 난제를 돌

파했다고 밝혔다. 첫 번째 난제는 양자 초월성 증명으로, 2019년에 달성됐다. 구글 연구진은 가장 어려운 세 번째 난제인 '논리 양자비트 실현'을 2025년 이후에 해결한다고 한다. 이후 순조롭게 양자 프로세서를 확장할 수 있을 것으로 보고 있다.

– 나카타 아츠시(닛케이 크로스 테크·닛케이 컴퓨터)

088

양자 암호 통신

양자역학의 원리로 정보 유출 및 도청을 방지

: :
: :
: :
: :
: :
: :

기술 성숙 레벨 | 저   2030 기대지수 | 31.9

양자역학의 원리를 응용해 정보 유출이나 도청을 사실상 불
가능하게 하는 기술이다. 빛의 최소 단위인 광자를 이용해
데이터를 보내면 제삼자가 도청을 시도하면 광자의 상태가
변하는 양자역학 원리로 도청을 감지할 수 있다. 암호키를
본체의 데이터와 별도로 광자로 보내면 암호키를 안전하게
운반할 수 있기 때문에, 양자컴퓨터의 실용화 이후에도 암호
기술을 계속 사용할 수 있는 기술이 될 수 있다. 보안과도 연
결되는 기술로 미국, 중국을 비롯한 선진국들이 개발 경쟁을
벌이고 있다.

데이터 자체는 일반적인 암호화 기술로 암호화해 일반 통신망으
로 보내지만, 암호키를 주고받을 때는 빛의 최소 단위인 광자를
이용해 광자 하나당 1비트, 즉 0 또는 1의 암호키 정보를 실어 광

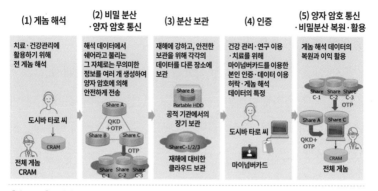

(1) 게놈 해석

치료·건강관리에
활용하기 위해
전 게놈 해석

도시바 타로 씨

CRAM

전체 게놈
CRAM

**(2) 비밀 분산
·양자 암호 통신**

해석 데이터에서
쉐어라고 불리는
그 자체로는 무의미한
정보를 여러 개 생성하여
양자 암호에 의해
안전하게 전송

Share A

QKD
+OTP

Share B   Share C

OTP

Share   Share   Share
C-1   C-2   C-3

(3) 분산 보관

재해에 강하고, 안전한
보관을 위해 각각의
데이터를 다른 장소에
보관

Share B

Portable HDD
공적 기관에서의
장기 보관

ShareC-1/2/3

재해에 대비한
클라우드 보관

(4) 인증

건강 관리·연구 이용
·치료를 위해
마이넘버카드를 이용한
본인 인증·데이터 이용
허락·게놈 해석
데이터의 특정

도시바 타로 씨

마이넘버카드

**(5) 양자 암호 통신
·비밀분산 복원·활용**

게놈 해석 데이터의
복원과 이익 활용

Share   Share   Share
C-1   C-2   C-3

OTP

Share A   Share C

QKD+
OTP

CRAM

전체 게놈

[자료 8-3] 도시바, 도호쿠대학, 도호쿠대학병원, 정보통신연구기구가 개발한 개별화 헬스케어 시스템
(출처: 도시바)

섬유를 통해 수신 측으로 보낸다. 수신 측에서는 이 암호키로 수신한 데이터를 복원한다.

양자 암호 통신이 원칙적으로 도청이 불가능한 것은 '어떤 상태를 관찰하면 그 상태가 변한다'는 양자역학의 원리가 있기 때문이다. 제삼자가 암호키의 통신을 관찰(도청)하면, 광자의 수와 상태가 변해 수신자가 도청을 알아차릴 수 있다. 이러한 높은 보안성으로 인해 기밀성이 높은 정보를 다루는 보안, 금융, 의료 등에서 활용이 확대될 것으로 보인다.

현재 인터넷 등에서 사용되고 있는 공개키 암호는 양자 기술을 사용하는 양자컴퓨터가 실용화되면 깨질 위험성이 지적되고 있어, 이에 대한 대응책이 될 것으로 기대된다. 보안과도 연결되는 기술로 미국, 중국을 비롯한 선진국들이 개발 경쟁을 벌이고 있다. 최근에는 기존 기술로 암호화된 데이터를 감청해 저장하고 시간을 들여 해독하는 공격인 '데이터 하베스팅'도 나타나고 있다. 이런 공격을 피할 수 있는 양자 암호 통신의 실용화가 매우 중요한 과제로 떠오르고 있다.

양자 암호 통신의 높은 안전성 활용 방안으로 차세대 헬스케어 기반으로 활용하려는 움직임이 있다. 구상을 밝힌 것은 도시바와 도호쿠대학 도호쿠메디컬·메가뱅크기구, 도호쿠대학병원, 정보통신연구기구의 팀이다. 개인의 유전체(Genergy, 전체 유전자 정보)를 안전하게 저장하고, 본인의 요청에 따라 언제든 사용할 수 있도록 한다는 구상이다.

2022년에 이들 4자가 함께 프로토타입 시스템을 구축했다. 비밀 분산 기술과 양자 암호 통신을 결합해 게놈 데이터를 암호화한 뒤, 조각내어 양자 암호 통신으로 지리적으로 떨어진 여러 거점에 보내 보관했다. 또한 인증에 따라 데이터 조각을 끌어올려 재구성하는 것까지 검증할 수 있었다.

— 마츠모토 노리오(닛케이 크로스 테크),
아쓰미 유리(닛케이 크로스 테크·닛케이 컴퓨터)

089

발신 도메인 인증

스푸핑 메일을 판별하는 기술로,
생성AI 기술의 발전으로 중요성 높아짐

⋮

기술 성숙 레벨 | 고   2030 기대지수 | 13.8

피싱 사기 등으로 타인을 사칭해 보낸 메일을 찾아내는 기술이다. 메일 서버를 관리하는 기업이나 단체, 인터넷 서비스 제공업체가 도입하고 있다. 생성AI의 진화로 인해 완성도 높은 사기 메일을 만들 수 있게 되어, 피해 확대를 막기 위해 도입을 서두르고 있다.

메일 서버에 발신 도메인 인증 시스템을 도입하여, 메일을 수신할 때 이메일 주소의 '@' 이후 인터넷 주소에 해당하는 도메인 정보 등을 사칭하지 않았는지 메일 서버에 문의하여 확인 후 수신하도록 한다. 스미싱 메일이나 사기 메일은 발신자를 사칭해 보내는 경우가 많다.

발신 도메인 인증에는 'SPF', 'DKIM', 'DMARC'의 3가지가 있다. 모두 도메인 관리자가 미리 등록한 발신 메일 서버 등 정당성

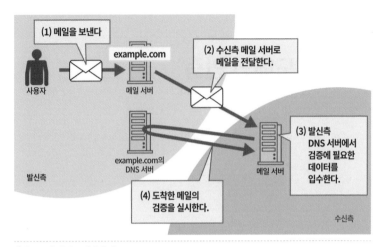

[자료 8-4] 발신 도메인의 인증 구조
메일 수신 시, 해당 메일이 정당한 서버에서 발송된 메일인지 문의하고 확인 후 수신한다. (출처: 닛케이 크로스 테크)

정보를 수신 시 조회하는 방식이다. 등록된 정당성 정보와 다른 메일은 스푸핑 메일로 판단한다.

3가지 인증은 서로 다른 정보를 조사하여 정당성을 확인한다. SPF는 메일 서버의 정당성을, DKIM은 발신자의 정당성을 전자 서명으로, DMARC는 SPF와 DKIM을 병용하면서 '발신자 이름'의 사칭을 찾아내는 새로운 메커니즘을 추가했다. 단, 어느 기술도 발신자 메일 서버 관리자가 정당성 정보를 등록하지 않으면 스푸핑 메일인지 아닌지 판별할 수 없다. 그렇기 때문에 모든 메일의 정당성을 판별할 수 있는 것은 아니다.

일본은 이른바 '일본어의 벽'으로 인해 세계 각국에 비해 피싱 사기 피해가 적었던 탓에, 일본 기업의 상당수가 대책 마련이 늦어 유력한 기술의 도입률이 30%에 불과하다는 조사 결과가 나왔다. 2023년 2월 1일에는 경제산업성, 경찰청, 총무성이 신용카드사 등에 스미싱 메일에 의한 피싱 사기에 대한 대책 강화를 요청했다.

– 시마즈 타다마사(닛케이 크로스 테크·닛케이 네트워크)

090

분산형 ID

사용자가 공개키 암호를 이용하여
ID를 발급받은 본인임을 증명할 수 있음

기술 성숙 레벨 | 고   2030 기대지수 | 8.5

분산형 ID는 블록체인 기술을 활용한 '자신의 신원을 나타내
는 정보(아이덴티티, ID)'의 관리 시스템이다. 거대 IT 기업 등에
의존하지 않고 이용자 스스로 ID를 관리할 수 있어 안전성을
유지하면서 사용의 자유도와 편의성을 높일 수 있다.

분산형 ID는 전자증명서와 블록체인 기술을 결합해 사용자의 신
원정보를 인증서와 함께 인터넷에 공개된 분산원장에 등록한다.
서비스 사업자는 분산원장과 대조해 사용자의 신원을 확인할 수
있고, 사용자가 허락한 속성 정보를 얻을 수 있다. 이러한 구조로
특정 기업에 의존하지 않고, 사용자에게 있어서 자유도가 높은
ID 관리가 가능해진다.

국제 표준화 논의와 실용화를 위한 움직임이 시작되고 있는데,
2022년 7월 웹 기술 표준화 단체인 월드와이드웹 컨소시엄(World

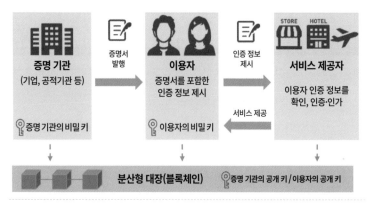

[자료 8-5] 분산형 ID의 구조
인증기관이 발급한 전자증명서와 함께 이용자가 ID와 속성정보를 블록체인 기술을 통해 분산원장에 등록한다. 서비스 사업자는 이를 대조하여 본인 확인 및 속성 정보 취득을 수행한다. (출처: 미쓰비시UFJ신탁은행)

Wide Web Consortium)은 분산형 ID 시스템 구축을 위한 식별자 표준 규격인 'Decentralized Identifiers(DIDs)'를 권고했다.

미국 마이크로소프트는 2022년 5월, 분산형 ID 서비스 'Microsoft Entra Verified ID'를 발표했다. 일본에서는 2023년 3월, 미쓰비시UFJ신탁은행과 NTT데이터, 메타버스 계열 벤처기업인 HIKKY, MonoAI technology가 손잡고 분산형 ID의 실증 실험을 했다.

개인을 식별할 수 있는 ID나 이메일 주소 등의 정보는 지금까지 인터넷 서비스 제공자나 구글, 마이크로소프트와 같은 IT 기업, 사용자가 근무하는 기업이나 단체 등 'ID 제공자'가 발급하고 관리해 왔다. ID에 부여되는 속성 정보나 비밀번호 등 인증 정보도 ID 제공자가 함께 관리하고 있다.

이 때문에 관리가 허술한 ID 제공업체가 사이버 공격을 받아

개인정보가 유출되거나 아이디와 비밀번호를 탈취당해 사칭 당할 위험이 있었다. ID에 연결된 정보의 등록이나 공개 정책이 ID 제공업체마다 다르기 때문에, 이용자가 부족한 정보를 서비스별로 추가 등록해야 하는 번거로움도 있었다.

— 아츠미 유리(닛케이 크로스 테크·닛케이 컴퓨터)

091

위성 콘스텔레이션

다수의 소형 위성을 연동하여
하나의 시스템으로 운영

:
:
:
:
:

기술 성숙 레벨 | 고   2030 기대지수 | 12.5

위성 콘스텔레이션(Satellite Constellation)은 수 킬로그램에서 수백 킬로그램의 소형 인공위성을 고도 200km에서 2,000km의 저궤도(LEO)에 다수 발사하고, 그것들을 묶어 전 지구상에 서비스를 제공한다. 수 톤급 위성을 대형 로켓으로 지상에서 42,000km의 정지궤도(GEO)에 쏘아 올릴 때와 비교하면, 대당 발사 비용과 위성 비용이 저렴하다. 광대역 통신이나 감시망 용도를 생각하면, 지상에 가까울수록 자세한 정보를 얻을 수 있고, 전파가 잘 전달되어 지연이 적으며, 지상과 위성 모두 통신 장비의 출력을 작게, 소형화할 수 있다.

2023년 4월 2일, 미 국방부 산하 우주개발국(SDA, Space Deveopment Agency)은 군용 저궤도 위성 콘스텔레이션(PWSA, Proliferated Warfighter Space Architecture)을 구성하는 최초의 위성 10기를 발사했다.

[자료 8-6] 미국 국방부 우주개발국의 군사용 저궤도 위성 콘스텔레이션 'PWSA' 최초의 위성 10기 발사
2023년 4월 2일 스페이스X의 로켓 '팰컨 9'으로 발사했다. (출처: 스페이스X, 우주청(Space Development Agency))

PWSA는 저궤도에 광위성 통신을 통한 고속 및 항탄성(군사시설이 적의 공격을 견뎌내고 그 기능을 유지하는 능력)이 높은 네트워크를 구축하여 육·해·공에 배치된 부대에 통신 기능을 제공하는, 최종적으로 1,000기 이상의 위성 콘스텔레이션을 목표로 하고 있다.

가장 큰 목적은 러시아의 우크라이나 침공에서 실전에 처음 사용된 것으로 알려진 극초음속 미사일 등 극초음속 무기를 저궤도를 돌고 있는 위성 콘스텔레이션으로 탐지하고, 추적 즉시 지상에 정보를 전송하는 것이다. 극초음속 무기는 포물선을 그리는 기존 탄도미사일과 달리 저공을 초고속, 변칙적인 궤도로 비행하기 때문에 거리가 먼 정지궤도에서 그 궤도를 정확히 파악하기 어렵다.

유럽과 일본에서도 광위성 통신의 본격적인 실증이 시작되고

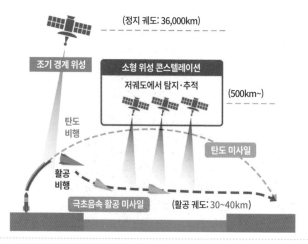

[자료 8-7] 극초음속 미사일을 탐지·추적하는 구조

정지 궤도 조기 경계 위성으로 포착할 수 없는 극초음속 미사일을 탐지·추적하여, 즉시 지상에 정보를 전송하는 것을 목표로 한다. (출처: 총무성 〈Beyond 5G 실현을 위한 우주 네트워크에 관한 기술 전략에 대하여〉)

있다. 유럽연합(EU)은 2023년 2월 14일, 유럽의 독자적인 통신용 위성 콘스텔레이션 구축 계획인 'IRIS²'를 승인했다. 목표는 EU에 안전하고 탄력적인 광대역 통신을 제공하는 것이다. 국방과 더불어 정부의 재난 대응, 민간 사업까지 염두에 두고 2027년 정식 서비스 개시를 목표로 하고 있다. 2025년부터 2027년까지 저궤도에 최대 170기의 통신 위성을 발사하고 이후 중궤도나 정지 궤도에도 비슷한 위성을 발사할 예정이다.

일본에서는 신에너지·산업기술종합개발기구(NEDO)가 주도하는 '경제안전보장 중요기술육성프로그램(K Program)'에서 '광통신 등 위성 콘스텔레이션 기반 기술의 개발과 실증' 프로그램이 2023년 3월 27일에 시작되었다. 2029년까지 여러 궤도에 지구 관측 위성을 포함한 복수의 광통신 위성을 배치하고, 일본 인근

[자료 8-8] 스타링크 위성
차세대 위성 'V2 Mini' 21기를 수직으로 쌓아, '팰컨 9' 로켓의 페어링에 장착한다. 기존의 V1.5 위성의 거의 2
배에 달하는 크기다. (출처: 스페이스X)

에서 광위성 통신 네트워크 시스템으로서의 기능과 성능을 검증
한다.

　미국의 기업가 일론 머스크가 우크라이나 군에 위성 콘스텔레
이션 기반 광대역 서비스 '스타링크(Starlink)'를 무상으로 제공한 것
이 주목받았다. 스타링크는 2020년 8월 북미 대륙 일부에서 베타
테스트를 시작해 점차 서비스 지역을 확대했고, 2022년 10월 아
시아 지역에서는 처음으로 일본에서 서비스를 시작했다. 2023년
7월 말에는 일본을 포함한 전 세계 61개국에서 스타링크를 이용
한 광대역 통신 서비스를 이용할 수 있다.

　스타링크를 운영하는 미국 스페이스X는 자사 로켓 '팰컨
9(Falcon 9)'을 이용해 2~6주에 한 번씩 위성을 발사하고 있다. 발
사 횟수는 2023년 7월 말 기준 98회로, 궤도에 올린 위성은 총

4,698기, 그중 약 3,700기가 실제 가동되고 있다. 최종적으로 42,000기의 위성을 궤도에 올려놓을 계획이다.

이에 대항하는 기업도 등장했다. 미국 아마존닷컴은 2018년 비슷한 위성 광대역 서비스인 '프로젝트 카이퍼(Project Kuiper)'를 발표했다. 2023년 프로토타입 위성 발사와 위성 양산을 시작해 2024년 상용 위성을 발사하고, 2024년 중 상용 서비스 개시를 목표로 하고 있다.

- 우치다 야스시(닛케이 크로스 테크·닛케이 일렉트로닉스),
마쓰우라 신야(과학기술 저널리스트)

092

아이온(IOWN)

광통신 기술을 중심으로 하는 차세대 네트워크 구상

· · · · · · ·

기술 성숙 레벨 | 중   2030 기대지수 | 22.9

아이온(IOWN)은 'Innovative Optical and Wireless Network'의 약자로, 광통신 기술을 중심으로 새로운 고속 대용량 통신, 방대한 계산 리소스 등을 제공하는 네트워크 및 정보처리 기반에 대한 구상이다. 이 구상을 실현하기 위해 NTT를 중심으로 기술 및 서비스 개발을 진행하고 있다. 사회 전반적으로 데이터량과 소비전력 등이 지속적으로 증가하고 있어 이러한 기반이 요구되고 있다.

NTT는 2019년 아이온의 구상을 발표하고 기존 네트워크에 비해 지연은 200분의 1, 전송 용량은 125배, 전력 효율은 100배의 네트워크 실현을 목표로 하고 있다. 아이온의 사양을 검토하는 조직인 아이온 글로벌 포럼(IOWN Global Forum)에는 NTT뿐만 아니라 KDDI, 라쿠텐모바일 등이 참여하고 있으며, 소프트뱅크도

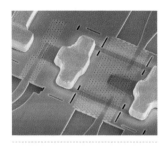

[자료 8-9] OEO 변환 디바이스의 개발품
(출처: NTT)

가입을 검토하고 있다.

아이온 구상을 뒷받침하고 저소비전력 실현을 목표로 하는 기술로 '광전융합'이 있다. 전기로 신호처리하는 부분 등을 빛으로 처리할 수 있도록 대체하는 것이다.

현재의 서버는 내부 버스로 전기 신호에 의한 PCIe(PCI Express) 등을 사용하고 있는데, 전기 신호는 고속·대용량 데이터를 회로로 전송할 때 에너지 손실이 크고 열이 발생하기 쉽다는 문제점이 있었다. 광전융합의 연구 성과로 2019년 4월 '나노 수광기-나노 변조기 집적소자(OEO 변환 디바이스)'를 발표했다. OE(빛-전기) 변환과 EO(전기-빛) 변환의 두 가지 기능을 $10\mu \times 15\mu m^2$의 초소형 크기로 구현한 소자이다.

아이온의 로드맵은 현재 2030년경까지 4단계로 나누어 단계적으로 나아갈 계획이다. 또한 NTT는 아이온을 통해 저전력 기술을 구현하여 데이터센터 등의 전력 소비를 억제하고, 지속가능한 사회를 목표로 하고 있다. 예를 들어, 데이터센터의 전력 소비량은 2030년이 되면 2018년 대비 일본에서는 약 6배, 세계적으로는 약 13배에 달할 것으로 예측되고 있다. 이산화탄소 배출량, 에너지 소비 등의 감축이 요구되는 세계 정세에 역행하고 있는 만큼, 기술 적용을 통해 이러한 수치를 억제하고자 한다.

– 노노무라 히카루(닛케이 크로스 테크)

093

무선 전력 공급·무선 충전

IoT 기기와 센서의 배터리 교체 및 충전을 무선으로 활용

:
:
:
:
:

기술 성숙 레벨 | 중　　**2030 기대지수 | 22.3**

레이저나 마이크로파, 밀리파를 이용해 '몇 미터 떨어진 곳에 전력을 공급하는' 차세대 기술이 실용화 시기를 맞이하고 있다. 드론 등 공중을 떠다니는 기기, 센서 네트워크 등으로 대량 도입된 IoT 기기, 고공 등 사람이 접근하기 어려운 장소의 장비 등에 무선으로 전력을 공급, 배터리 교체 등 유지보수 비용을 절감한다.

레이저광을 전력 공급에 사용하는 광무선 전력 공급 시스템을 연구하는 도쿄공업대학 미야모토 도모유키 부교수(과학기술창성연구원 미래산업기술연구소)는 이미지 인식 기능이 있는 카메라와 백색 LED 기반의 투광기로 다수의 IoT 단말기에 전력을 공급하는 시스템을 시제품으로 제작했다. 배터리 없는 드론에 레이저로 전원을 공급하여 계속 비행하는 실험도 하고 있다.

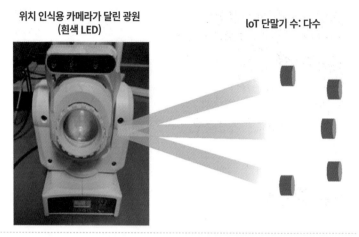

[자료 8-10] 도쿄공업대학의 미야모토 도모유키 부교수의 연구실이 시제품으로 제작한 광원

1대의 광전원 장치에서 다수의 IoT 단말기에 전원을 공급한다. 광전원 공급장치는 카메라를 탑재해 IoT 단말기의 위치를 인식하고 광선을 비춘다. (출처: 미야모토 연구실)

LED 투광기 시스템은 영상 인식을 통해 IoT 단말의 위치를 확인하고 빔을 쏘기 때문에, 투광기 1대로 다수의 IoT 단말에 전력을 공급할 수 있으며, 비교적 큰 전력을 전달할 수 있다. 드론에 전원을 공급할 때는 수광 측에 태양전지를 사용하고, 광출력 35와트 레이저로 배터리 없이 드론을 35cm까지 띄웠다.

미야모토 부교수는 AI 등에 의한 이미지 인식의 정확도가 높아지면서 저렴하게 이용할 수 있게 된 것이 레이저 전력 공급 실용화의 순풍이 될 것으로 보고 있다. 강력한 레이저광에 의한 전력 전송은 이전부터 가능했지만, 그 방향에 사람이 없는 것을 확인하고, 안정적으로 빔을 전력 공급 대상으로 향하게 해야 하는 과제가 있었다.

소프트뱅크와 교토대학, 가나자와공업대학은 무선으로 전력을

[자료 8-11] 소프트뱅크, 교토대학, 가나자와공업대학의 실험 모습
밀리파 안테나를 통신과 전력 공급으로 구분하여 사용한다. (출처: 소프트뱅크)

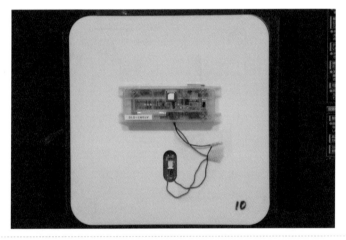

[자료 8-12] 다케나카건설이 의자에 설치한 수전 기기
바닥 아래에서 전력을 공급한다. (출처: 닛케이 크로스 테크)

공급하는 '무선 전력 전송' 기능을 밀리파 통신장치에 구현한 시스템을 개발하고 있다. 통신 수요가 적은 시간대에 통신 기지국의 자원을 무선 전력 전송에 투입해, 기지국이나 주파수와 같은 통신 자원을 활용하여 통신 영역 내의 IoT 기기에 무선으로 전력을 공급하는 것을 목표로 하고 있다.

하나의 안테나로 밀리파 통신과 무선 전력 전송을 실시하며, 시간이나 장소에 따라 구분하여 사용하기 위해 전파의 출력과 위상을 조정하는 빔포밍(beamforming) 기능을 활용한다. 안테나에서 전력을 받을 때는 가나자와공업대학이 개발한 전파를 전기에너지로 변환하는 '수전 렉테나'로 전기에너지를 얻는다.

다케나카건설의 시즈오카 영업소는 2022년 9월부터 일본 최초로 '무선 전력 전송용 구내 무선국'을 운영하기 시작했다. 바닥 아래 몇 군데에 수m 떨어진 거리에서 마이크로파를 이용해 무선으로 전력을 공급할 수 있는 장비를 도입해, 회의실 의자에 부착된 인감 센서에 전력을 보낸다.

동시에 센싱 정보를 받아 직원들의 위치를 파악하여, 그 자리에 있는 인원수에 맞게 공조와 조명을 제어한다. 배터리식 센서로 도입을 검토한 적도 있지만 "센서 1만 개를 도입하면 AA 건전지 2만 개가 필요해 유지 관리가 어렵다"고 판단해 포기한 바 있다.

일본 정부가 2022년 5월부터 법 개정을 통해 금지했던 마이크로파를 이용한 무선 전력 공급은 10m 이상 떨어진 대상에도 전력을 공급할 수 있는 새로운 방식이다. 다케나카건설이 도입한 기술은 20m 정도 떨어진 IoT 디바이스에 수mW의 무선 급전이 가능하다.

송신기 측에서 전기를 고주파(마이크로파)로 변환, 송전 안테나를 통해 원격지의 수신기로 보낸다. 수신기 측은 안테나로 수신한 마이크로파를 다시 전기로 변환해 대상 기기에 전력을 공급한다.

－ 노자와 테츠오, 쿠보타 류노스케(닛케이 크로스 테크·닛케이 일렉트로닉스),
오오카와라 타쿠마(닛케이 크로스 테크·닛케이 네트워크),
노노무라 코호쿠(닛케이 크로스 테크)

094

오감 원격 전송

원격지에 있는 물건을 만지거나
냄새를 맡을 수 있음

⋮
⋮
⋮

기술 성숙 레벨 | 고   2030 기대지수 | 4.8

오감 중 전달이 어렵다고 여겨온 미각과 후각의 통신에 대한
연구가 진행되고 있다. 원격지에 있는 음식의 맛과 향을 데
이터로 변환해 인터넷을 통해 전송하고, 수신처에서 충실하
게 재현하는 기술이 있다.

맛을 구성하는 단맛, 짠맛, 신맛, 쓴맛, 감칠맛의 용액을 미립자
화하여 미스트 형태로 식재료에 분사하는 장치 'TTTV2'는 메이
지대학 종합수학부 첨단미디어과학과 미야시타 호메이 교수가
개발했다. 오리지널 요리와 맛을 모방하고자 하는 대상 식재료에
대해 5가지 맛을 각각 어떤 비율로 함유하고 있는지 측정한다.

 가령, 짠맛이라면 함유된 염화나트륨의 농도 값을 데이터로 삼
는다. 원본과 복사본의 맛 데이터 차이를 계산해 TTTV2에 세팅
하면, 5가지 맛의 각 캡슐에서 해당 양을 추출해 대상 식재료에

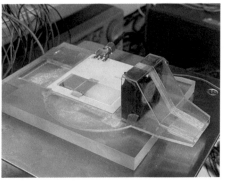

[자료 8-13] 맛 전달 장치의 차세대 기기 'Open-TTTV'
가로 20cm×세로 30cm×높이 30cm 의 크기로, 주방에 놓을 수 있다.
(출처: 메이지대학 종합수학부 첨단미 디어과학과 미야시타 호메이 교수)

[자료 8-14] 향기 혼합액을 순간적으로 액화시키는 장치
(출처: 도쿄공업대학 과학기술창성연구원 나카모토 다카미치 교수)

혼합 분무할 수 있다. 추출량은 밀리초 단위로 제어한다. 예를 들어, 마트에서 구입한 닭꼬치 맛을 유명 가게 사장님이 구운 닭꼬치 맛에 가깝게 만들 수 있다. 다른 재료로도 게살크림 고로케와 비슷한 맛의 우유를 만들 수 있다.

한편, 도쿄공업대학 과학기술창성연구원의 나카모토 다카미치 교수는 과일과 꽃 등 185종류의 에센셜 오일을 다차원 데이터로 분석하여, 향기를 구성하는 기본이 되는 20가지 종류의 '요소 냄새'를 조합하면 향기를 재현할 수 있다는 것을 알아냈다. 레몬, 라벤더 등 7가지 에센셜 오일에 대해 향을 재현하고 이를 18명의 피험자를 대상으로 검사한 결과, 실제와 큰 차이가 나지 않았다.

향기를 재현하는 장치도 개발하고 있다. 액체화한 20가지 요소 냄새를 캡슐에 담아 재현하고자 하는 향의 비율에 따라 액체를 분사하고, 순간적으로 분무화할 수 있는 플레이트 장치를 통해 향을 코로 전달한다. 이 기술을 응용하면 원래 요리의 요소 냄새를 데이터화하여 먹음직스러운 향을 실시간으로 원격지에 전달할 수 있다.

미야시타 씨와 나카모토 씨 모두 미각과 후각은 밀접한 관계가 있으며, 요리의 맛을 전달하기 위해서는 양측의 연구 협력이 필요하다고 생각한다. 앞으로는 최신 3D 식품 프린터를 활용하면 모양까지 비슷하게 요리를 재현하는 것도 어렵지 않다고 한다.

– 타카다 마나부야(닛케이 크로스 트렌드)

095

BMI(뇌·기계 인터페이스)

뇌와 컴퓨터를 연결

:
:
:
:
:
:
:

기술 성숙 레벨 | 고   2030 기대지수 | 24.9

BMI(뇌·기계 인터페이스, Brain Machine Interface)는 뇌파 등을 이용해 뇌와 컴퓨터를 연결하는 기술의 총칭이다. 다만, 뇌에서 생각한 대로 기기를 움직이게 하는 등의 노력을 가리키는 경우가 많다. 좀 더 넓은 범위를 나타내는 말로 '브레인테크(Braintech)' 혹은 '뉴로테크(Neurotech)'가 있다. 뇌에서 데이터를 수집해 인간이 무엇에 흥미와 관심을 갖는지 등을 알아내려는 연구도 진행되고 있다.

미쓰비시종합연구소는 미국 조사기관의 보고서를 근거로, 브레인테크의 시장 규모가 2024년경에는 전 세계적으로 약 5조 엔에 달할 것으로 추산한다. '시청자의 뇌 반응을 바탕으로 구매로 이어지는 효과적인 광고 만들기', '뇌의 상태를 파악해 학습 효율과 수면의 질 높이기' 등 의료, 헬스케어, 마케팅, 교육, 스포츠 등

[자료 8-15] 뉴럴링크가 시제품으로 개발한 뇌에 전극을 자극하는 장치
(출처: 닛케이 크로스 테크)

다양한 분야에서의 활용이 기대된다.

테슬라, 스페이스X, 최근에는 트위터(현 X) 인수로 유명한 일론 머스크는 BMI를 목표로 하는 스타트업인 뉴럴링크(Neuralink)를 운영하고 있다. 이 회사는 뇌 직접 연결형 장치와 이를 이식하기 위한 수술용 로봇을 개발하고 있으며, 2022년 8월에는 국제 컨퍼런스 '시그라프 2022(SIGGRAPH 2022)'에서 시제품을 선보였다.

시제품 장치에는 전극을 찌르는 메커니즘 외에, 뇌를 촬영하고 전극을 찌를 위치를 이미지 인식으로 판단하는 데 활용하는 카메라와 조명용 조명 등이 여러 개 장착돼 있다. 장비의 끝부분에 있는 가느다란 바늘 같은 부분을 통해 가느다란 실 같은 전극을 뇌에 삽입한다. 아직은 시제품일 뿐, 사람에게는 사용할 수 없다.

뇌와 관련된 기술인 만큼 기대와 함께 불안도 함께 존재한다.

국제전기통신기초기술연구소(ATR), AI 스타트업 알라야, 게이오 기주쿠대학은 2022년 10월 《브레인테크 가이드북 ver 1.0》을 발간했다. '일반 소비자가 시판 중인 브레인테크 제품을 올바르게 이해하기 위해 주의해야 할 사항과, 사업자가 연구개발을 할 때 참고할 수 있는 정보 등 기술 현황과 과제'를 정리했다고 한다.

이 3자는 내각부가 주도하는 '문샷(Moonshot)형 연구개발 사업'에서 '신체적 능력과 지각 능력의 확장을 통한 신체의 제약으로부터의 해방'이라는 프로젝트를 진행하고 있다.

– 네츠 사다무, 노노무라 히카루,
마스다 케이스케(닛케이 크로스 테크)

096

오픈 데이터 에코시스템

기업과 업계가 연합하여 정보를 공유하는
구조를 생성

⋮
⋮
⋮

기술 성숙 레벨 | 중　　2030 기대지수 | 15.5

기업이나 산업의 경계를 넘어 정보를 공유하는 구조를 말한
다. '데이터 공간'이라고 하는 경우도 있다. 'GAIA-X(가이아엑
스)', 'Catena-X(카테나엑스)', 'Manufacturing-X(매뉴팩처링엑스)'와
같은 활동이 2020년 이후 유럽에서 잇따라 움직이고 있다.
탄소 중립이나 공급망 안정화 등의 과제를 달성하는 구조로
개발이 진행된다. 새로운 산업을 창출하는 기반으로 발전할
가능성이 있다.

GAIA-X와 Catena-X는 기업이나 조직 간 데이터를 안전하
게 주고받는 구상과 방법의 명칭이자 추진 조직의 명칭이다.
GAIA-X가 데이터의 표준과 교환 방식, 규칙 등을 정하고, 이를
통해 Catena-X는 자동차 산업을 대상으로, Manufacturing-X는
각종 제조업을 대상으로 각각 데이터 연계 체계를 마련한다.

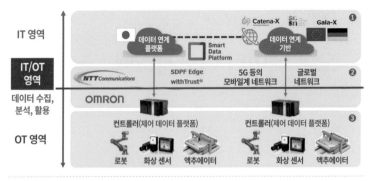

[자료 8-16] 오픈 데이터·에코시스템의 예
(출처: NTT 커뮤니케이션, 오므론)

향후 일본 기업이 유럽 기업과 기밀성이 높은 데이터를 교환할 경우, GAIA-X의 준수가 요구될 가능성이 있다. 이에 NTT커뮤니케이션즈와 오므론은 국내외 기업이 데이터를 안전하게 교환할 수 있는 시스템을 공동 개발하여 GAIA-X와 제조 현장과의 연결을 용이하게 하기 위한 노력을 진행하고 있다. 두 기업은 관련 네트워크 서비스 및 제어기기용 접속 소프트웨어 판매도 목표로 하고 있다.

NTT커뮤니케이션즈와 오므론은 2021년부터 각자의 통신 소프트웨어와 컨트롤러 제품을 사용하여 GAIA-X와 연결하는 실험을 진행해 왔다. 이를 확대하여 오므론의 더 많은 제품과 NTT커뮤니케이션즈의 IT 인프라를 연계하고, NTT커뮤니케이션즈가 NTT데이터와 함께 개발하고 있는 데이터 연계 플랫폼을 통해 오므론의 장비와 Catena-X를 상호 연결하여 데이터를 교환할 수 있도록 할 예정이다.

자사 또는 자국의 데이터를 보호하면서 제조 현장 등의 데이터를 공급망 전체에서 공유하는 시스템을 실현하는 것을 목표로 한다. 이 시스템을 사용하면, 가령 공급망 전체의 탈탄소화를 추진할 수 있다. 또한 기업 간 생산 시 데이터를 안전하게 공유할 수 있다면 제품 전체의 이산화탄소 배출량을 집계하기 쉬워져 LCA(Life Cycle Assessment, 라이프 사이클 평가)에 도움이 된다.

– 사이토 쇼지(닛케이 크로스 테크·닛케이 제조)

097

얼터너티브 데이터

SNS, IoT 기기, 결제 내역, 위성영상 등에서
얻을 수 있는 새로운 데이터군

:
:
:
:

기술 성숙 레벨 | **고**　　2030 기대지수 | **9.8**

얼터너티브 데이터(Alternative Data)는 SNS 게시글이나 휴대전
화, IoT 기기 이용 현황, POS(판매시점 관리 시스템) 및 신용카드
결제 내역 등을 통계 처리해 얻을 수 있게 된 새로운 데이터
군을 말한다. 얼터너티브 데이터를 투자 판단, 소매, 마케팅
등에 활용하려는 움직임이 가속화되고 있다.

얼터너티브 데이터의 특징은 속보성에 있으며, 실시간에 가까운
데이터 분석을 통해 신속한 의사결정이 가능하다. 머신러닝, 자
연어 처리, 연산 성능 등의 기술 향상으로 수집·분석할 수 있는
데이터가 다양해지면서, 금융기관과 투자자들이 투자 판단에 활
용하는 것은 물론, 소매, 마케팅 등 다양한 영역에서 활용이 확대
되고 있다.

　'얼터너티브(비전통적) 데이터'라고 부르는 것은 정부나 기업이 공

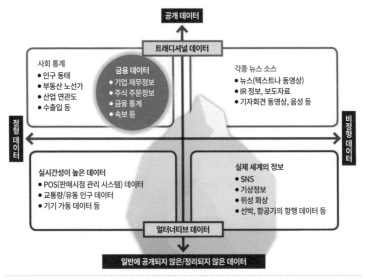

[자료 8-17] 트래디셔널 데이터와 얼터너티브 데이터의 분류
금융에서 활용되는 얼터너티브 데이터 (출처: 노무라종합연구소 자료를 바탕으로 닛케이 컴퓨터 작성)

식적으로 발표하는 통계 데이터나 결산 데이터와 그동안 시장 분석이나 사업 분석에 사용되던 '트래디셔널(전통적) 데이터'와의 대비에서 비롯된 것이다. 데이터 크기에 구애받지 않는다는 점에서 이른바 '빅데이터'와는 다르다. 이미 위치 정보, 소비자 구매 이력 데이터, 선박 항행 데이터 등 다양한 분야에서 얼터너티브 데이터를 판매하는 '데이터 공급자'가 등장하고 있다.

얼터너티브 데이터가 주목받게 된 계기는 2018년 유동 인구 데이터를 제공하는 미국 타소스(Thasos)가 미국 테슬라의 양산형 전기차 '모델 3' 생산 공장의 유동 인구 데이터 추이를 통해 모델 3의 증산 시기를 예측한 것이 계기가 되었다. 타소스의 고객인 헤지펀드가 이 예측을 바탕으로 투자에 성공했다.

노무라종합연구소의 가메즈 아츠시 IT기반기술전략실 전문연구원은 "일본에서도 금융업계는 해외와 마찬가지로 활용이 진행되고 있다"고 말한다. 한편, "IoT 기기에서 얻은 데이터를 얼터너티브 데이터로 수익화하려는 움직임은 아직 늦어지고 있다"고 지적한다.

2021년 2월 금융기관 등으로 구성된 얼터너티브 데이터 추진 협의회가 발족했으며, 앞으로 활발하게 움직일 것으로 보인다.

— 스즈키 케이타(닛케이 크로스 테크·닛케이 컴퓨터)

098

OSINT(오픈소스 인텔리전스)

공개된 정보를 비교 분석하여 통찰력을 얻음

:
:
:
:
:
:

기술 성숙 레벨 | 고   2030 기대지수 | 7.3

OSINT(Open Source INTelligence, 오신트)는 직역하면 '공개된 정보를 바탕으로 한 지식'이 된다. 신문, 잡지, 책, TV, 웹사이트 등 공개된 정보를 수집하고 정리하는 활동이 기본이 된다. 공개된 정보 하나하나의 가치는 작지만, 자세히 읽어내어 사실관계를 쌓아가면 군사 활동이나 정치 활동, 기업 활동에 도움이 된다.

컴퓨터 보안의 세계에서도 OSINT가 중요시되고 있다. 미국 마이크로소프트, 구글, 애플 등은 자사 제품의 보안 취약점 정보를 자사 사이트에서 공개하고 있다. 인터넷을 흐르는, 누구나 해독할 수 있는 통신 데이터도 OSINT의 중요한 정보원이 된다.

일본 내각 사이버보안센터(NISC)와 정보통신연구기구(NICT) 등은 이러한 정보를 분석하고 집약해 국민과 관공서, 일본 기업을

[자료 8-18] OSINT를 활용해 우크라이나 정세를 조명하는 웹사이트 '밸링캣'
(출처: 닛케이 크로스 테크)

대상으로 보안에 대한 경각심을 일깨우고 정보 보안 정책을 수립하는 데 활용하고 있다.

OSINT는 오래전부터 있었던 기법이지만, 러시아의 우크라이나 침공을 계기로 주목받고 있다. 우크라이나를 둘러싼 OSINT에는 많은 민간단체들이 활동하고 있다. 예를 들어 영국의 벨링캣(Bellingcat)은 우크라이나 침공 초기에 비인도적 무기로 추정되는 집속탄이 사용되었다는 것을 SNS에 올라온 사진 등 공개된 정보를 통해 밝혀냈다. 이 사실은 미국, 일본, 유럽에서 널리 보도되어 OSINT의 효용성을 다시 한번 알렸다.

좀 더 초보적인 OSINT로는 구글 지도가 있다. 예를 들어, 우크라이나 서쪽에 인접한 폴란드의 정체 정보를 볼 수 있다. 국경의 주요 도로, 특히 우크라이나 서부의 대도시 리비우로 통하는 도로의 정체 상황과 정체 길이의 시계열적 변화를 통해 알 수 있는 것이 있다.

우크라이나 내 러시아군의 공격으로 인한 건물 피해나 격파된 러시아군 탱크 등의 사진과 동영상도 주민이나 군인이 촬영한 것이 유튜브나 X(구 트위터) 등의 SNS에 게시되는 경우가 많다. 진실인지, 당국 등에 의한 가짜인지 판단이 필요하지만, 일본을 포함한 각국 언론은 이를 전황 보도에 활용하고 있다. 우크라이나군과 러시아군, 북대서양조약기구(NATO) 등의 진영도 전황과 전과파악에 활용하고 있는 것으로 보인다.

― 키요시마 나오키(닛케이 테크 파인드)

099

웹 어셈블리

모든 브라우저에서 실행할 수 있는 파일 형식

기술 성숙 레벨 | 고   2030 기대지수 | 5.5

웹 어셈블리(WEB Assembly)는 브라우저에서 실행할 수 있는 바이너리 형식의 파일 포맷이다. 다양한 프로그래밍 언어를 사용할 수 있어 프로그래머의 생산성을 높이고 기존 소프트웨어 자산을 활용할 수 있다.

원래는 웹브라우저 상에서 구동하는 프로그램(웹앱)의 속도를 높이기 위해 2019년 W3C(World Wide Web Consortium)가 표준화한 기술로, 이미 웹앱의 부가 기능에서 사용되고 있다. 미국 유니티소프트웨어(Unity Software)가 개발한 게임 엔진·개발 환경 '유니티(unity)'와 미국 마이크로소프트가 개발한 웹애플리케이션 프레임워크 '블레이저(Blazor)'에 채택되는 등 이용 기회가 늘고 있다.

웹 어셈블리의 프로그램은 와즘(Wasm) 바이트코드라고 불리며, 이것을 웹브라우저 등이 탑재하는 와즘 가상 머신에서 실행한다.

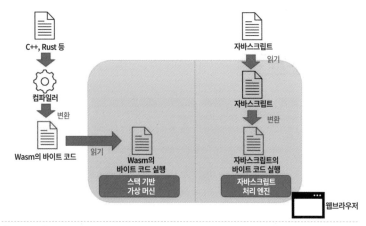

[자료 8-19] 웹 어셈블리와 자바스크립트의 처리 차이

웹브라우저에 탑재된 가상 머신이나 처리 엔진이 실행한다는 점에서는 동일하지만, 웹 어셈블리는 범용 프로그래밍 언어로 개발하고 컴파일러를 통해 미리 바이너리 형식으로 변환한다. (출처: 닛케이 크로스 테크)

와즘 가상 머신을 런타임으로 설치하면, 웹브라우저 없이도 이용할 수 있다. 와즘 바이트코드는 C++, Rust와 같은 범용 프로그래밍 언어로 개발하고 이를 컴파일하여 생성한다. 앱 개발이나 서버 사이드 프로그래밍에 익숙한 언어로 웹앱용 프로그램을 개발할 수 있다. C++ 등으로 이미 개발된 소프트웨어 자산을 웹앱용으로 쉽게 전환할 수 있다는 장점도 있다.

기존의 웹 프로그램은 텍스트 기반의 자바스크립트를 사용하고 있다. 자바스크립트도 전용 가상 머신에서 실행한다는 점에서는 동일하지만, 텍스트로 작성된 프로그램을 불러와서 바이너리 형식으로 변환한 후 실행하기 때문에 처리 속도가 느릴 수밖에 없다.

— 안도 마사요시(닛케이 크로스 테크·닛케이 컴퓨터)

100

러스트

빠르고 안전성이 높은 프로그램을
개발할 수 있는 언어

∵
∵
∵

기술 성숙 레벨 | 고   2030 기대지수 | 7.2

안전성과 고속 처리를 모두 갖춘 새로운 프로그래밍 언어
다. 취약점의 원인이 되는 메모리 관련 버그가 발생하지 않
도록 설계되었으며, 하드웨어에서 직접 동작하는 빠른 프로
그램을 작성할 수 있다. 운영체제(OS), 컴파일러, 장치 드라이
버 등 기본 소프트웨어 개발에 사용할 수 있다. 그동안 C나
C++이 사용되던 영역에 안전성을 무기로 파고들려고 하고
있다.

러스트(Rust)는 프로그래밍 기술 커뮤니티 '스택 오버플로(Stack
Overflow)'가 매년 실시하는 개발자 설문조사(Developer Survey)에서
2016년부터 '가장 사랑받는' 프로그래밍 언어(2023년부터 '가장 존경
받는'으로 변경) 1위를 계속 차지하고 있다. 〈닛케이 크로스 테크〉가
2022년 실시한 설문조사에서도 '앞으로 실력을 키우고 싶은 언

[자료 8-20] 오리지널 프린트 티셔츠나 토트백 등을 만들 수 있는 '스즈리(SUZURI)'의 웹 화면.
사용자가 올린 프린트 이미지를 사람이 시착한 영상에 합성하여 미리보기 이미지를 만드는 부분을 Rust로 개발하고 있다. (출처: GMO페파보)

어' 부문에서 2위를 차지했다.

미국 AWS(아마존 웹 서비스)의 가상화 기능인 '파이어 크래커'와 구글의 스마트폰 OS '안드로이드'의 블루투스 모듈 등의 개발에 이미 채택되어 있다.

메모리 취급에 대한 엄격한 규칙을 도입하여 메모리 관련 버그 발생을 방지한다. 언어 설계에서 취약점을 봉쇄하고, 규칙을 지키지 않는 프로그램은 컴파일러가 오류를 내는 자바, 파이썬, 자바스크립트 등 최근 주류 언어에서 채택하고 있는 가비지 컬렉션(GC)은 사용하지 않는다. GC는 불필요해진 메모리 영역을 시스템이 자동으로 해제하는 구조이지만, 경우에 따라서는 성능 저하의 원인이 되기도 한다.

러스트는 현재 러스트 개발팀(Rust Project Developers)이 오픈소스로 개발하고 있다. 2006년 미국 모질라재단의 그레이든 호아레 (Graydon Hoare)의 개인 프로젝트로 시작되었다. 이후 모질라의 공식 프로젝트가 되면서 개발이 가속화됐다. 2015년 '1.0' 이후 안정적인 주기로 업데이트가 계속되고 있다.

― 타케베 겐이치(닛케이 소프트웨어)

세계를 바꿀 테크놀로지 2024
닛케이가 전망한 기술 트렌드 100

초판 1쇄 인쇄 | 2023년 11월 29일
초판 1쇄 발행 | 2023년 12월 6일

지은이 | 닛케이BP
옮긴이 | 윤태성
펴낸이 | 전준석
펴낸곳 | 시크릿하우스
주소 | 서울특별시 마포구 독막로3길 51, 402호
대표전화 | 02-6339-0117
팩스 | 02-304-9122
이메일 | secret@jstone.biz
블로그 | blog.naver.com/jstone2018
페이스북 | @secrethouse2018
인스타그램 | @secrethouse_book
출판등록 | 2018년 10월 1일 제2019-000001호

ISBN 979-11-92312-67-5 03320